Selección, instalación y configuración del *software* de servidor de mensajería electrónica

Beatriz Coronado García

ic editorial

Selección, instalación y configuración del *software* de servidor de mensajería electrónica
© Beatriz Coronado García

1ª Edición

© IC Editorial, 2025

Editado por: IC Editorial
c/ Cueva de Viera, 2, Local 3
Centro Negocios CADI
29200 Antequera (Málaga)
Teléfono: 952 70 60 04
Fax: 952 84 55 03
Correo electrónico: iceditorial@iceditorial.com
Internet: www.iceditorial.com

ISBN: 978-84-1184-631-8
Depósito Legal: MA 340-2025

Impresión: PODiPrint
Impreso en Andalucía – España

Nota de la editorial: IC Editorial pertenece a Innovación y Cualificación S. L.

Presentación del manual

El **Certificado de Profesionalidad** es el instrumento de acreditación, en el ámbito de la Administración laboral, de las cualificaciones profesionales del Catálogo Nacional de Cualificaciones Profesionales adquiridas a través de procesos formativos o del proceso de reconocimiento de la experiencia laboral y de vías no formales de formación.

El elemento mínimo acreditable es la **Unidad de Competencia.** La suma de las acreditaciones de las unidades de competencia conforma la acreditación de la competencia general.

Una **Unidad de Competencia** se define como una agrupación de tareas productivas específica que realiza el profesional. Las diferentes unidades de competencia de un certificado de profesionalidad conforman la **Competencia General,** definiendo el conjunto de conocimientos y capacidades que permiten el ejercicio de una actividad profesional determinada.

Cada **Unidad de Competencia** lleva asociado un **Módulo Formativo,** donde se describe la formación necesaria para adquirir esa **Unidad de Competencia,** pudiendo dividirse en **Unidades Formativas.**

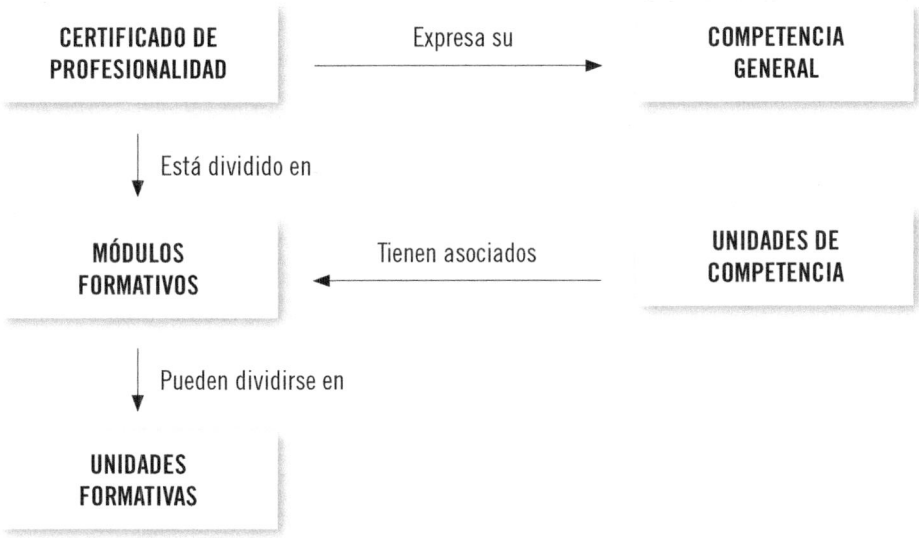

El presente manual desarrolla la Unidad Formativa **UF1273: Selección, instalación y configuración del software de servidor de mensajería electrónica,**

perteneciente al Módulo Formativo **MF0496_3: Administración de servicios de mensajería electrónica,**

asociado a la unidad de competencia **UC0496_3: Instalar, configurar y administrar servicios de mensajería electrónica,**

del Certificado de Profesionalidad **Administración de servicios de internet.**

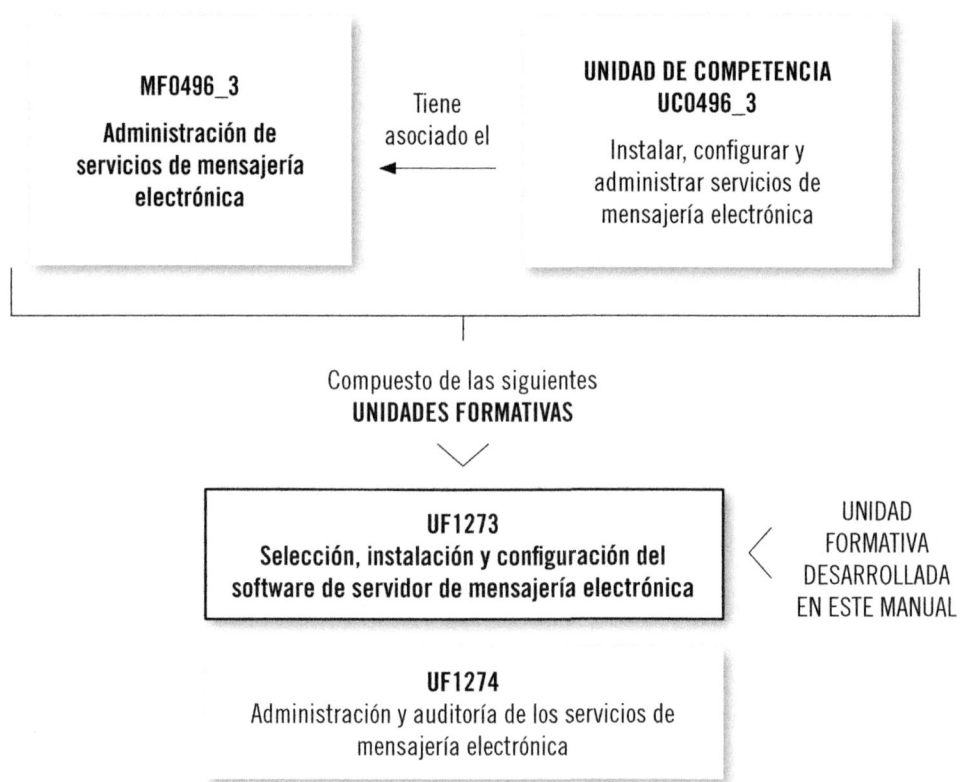

MF0496_3

Administración de servicios de mensajería electrónica

Tiene asociado el

UNIDAD DE COMPETENCIA UC0496_3

Instalar, configurar y administrar servicios de mensajería electrónica

Compuesto de las siguientes
UNIDADES FORMATIVAS

UF1273
Selección, instalación y configuración del software de servidor de mensajería electrónica

UNIDAD FORMATIVA DESARROLLADA EN ESTE MANUAL

UF1274
Administración y auditoría de los servicios de mensajería electrónica

FICHA DE CERTIFICADO DE PROFESIONALIDAD

(IFCT0509) ADMINISTRACIÓN DE SERVICIOS DE INTERNET (R. D. 686/2011, de 13 de mayo modificado por R. D. 628/2013, de 2 de agosto)

COMPETENCIA GENERAL: Instalar, configurar, administrar y mantener servicios comunes de provisión e intercambio de información utilizando los recursos de comunicaciones que ofrece Internet.

Cualificación profesional de referencia		Unidades de competencia	Ocupaciones o puestos de trabajo relacionados:
IFC156_3 ADMINISTRACIÓN DE SERVICIOS DE INTERNET (R. D. 1087/2005, de 16 de septiembre)	UC0495_3	Instalar, configurar y administrar el software para gestionar un entorno Web	• Administrador de servicios de Internet • Administrador de entornos Web (webmaster) • Administrador de servicios de mensajería electrónica (postmaster) • Técnico de sistemas de Internet
	UC0496_3	Instalar, configurar y administrar servicios de mensajería electrónica	
	UC0497_3	Instalar, configurar y administrar servicios de transferencia de archivos y multimedia	
	UC0490_3	Gestionar servicios en el sistema informático	

Correspondencia con el Catálogo Modular de Formación Profesional

Módulos certificado	Unidades formativas	Horas
MF0495_3: Administración de servicios Web	UF1271: Instalación y configuración del software de servidor Web	90
	UF1272: Administración y auditoría de los servicios Web	90
MF0496_3: Administración de servicios de mensajería electrónica	UF1273: Selección, instalación y configuración del software de servidor de mensajería electrónica	60
	UF1274: Administración y auditoría de los servicios de mensajería electrónica	60
MF0497_3: Administración de servicios de transferencia de archivos y contenidos multimedia	UF1275: Selección, instalación, configuración y administración de los servidores de transferencia de archivos	70
	UF1276: Selección, instalación, configuración y administración de los servidores multimedia	50
MF0490_3: Gestión de servicios en el sistema informático		90
MP0267: Módulo de prácticas profesionales no laborales		80

Índice

Capítulo 1
Conceptos básicos sobre mensajería electrónica

Contenido

1. Introducción

La mensajería electrónica constituye una herramienta indispensable en la comunicación digital, facilitando el intercambio de información de manera rápida y eficiente. El correo electrónico, en particular, se ha establecido como un estándar fundamental para comunicaciones personales y empresariales, gracias a su capacidad para transmitir mensajes y archivos a destinatarios en cualquier parte del mundo.

Los protocolos de red como DNS, SMTP, POP e IMAP son pilares que sostienen el funcionamiento del correo electrónico, cada uno desempeñando un rol específico en la localización de servidores, envío y recepción de mensajes. DNS traduce los nombres de dominio a direcciones IP, SMTP se encarga de enviar mensajes, mientras que POP e IMAP permiten la recuperación de los mensajes desde el servidor, con IMAP ofreciendo más flexibilidad al permitir que los usuarios accedan a sus mensajes desde múltiples dispositivos.

La seguridad es primordial, ya que las amenazas como el spam y los virus pueden comprometer la integridad de la comunicación electrónica. Las estrategias de protección incluyen filtros antivirus/*antispam* y protocolos como SPF y *domain keys,* que ayudan a verificar la autenticidad de los mensajes y a combatir el fraude de correo electrónico.

Además del correo electrónico, la mensajería instantánea, los foros, el chat y las listas de correo expanden el espectro de la comunicación electrónica, cada uno ofreciendo características únicas que favorecen la interacción en tiempo real, el debate comunitario o la distribución de información a grupos. Estas herramientas complementan al correo electrónico, adaptándose a diferentes necesidades de comunicación en el mundo digital.

2. Correo electrónico

El correo electrónico es una herramienta indispensable en la comunicación moderna, tanto en ámbitos personales como profesionales. Su eficacia, rapidez y flexibilidad lo han establecido como uno de los métodos de comunicación más utilizados en el mundo. Para comprender su funcionamiento y relevancia es esencial analizar sus componentes y procesos subyacentes:

- El correo electrónico funciona como un servicio de mensajería digital que permite a los usuarios enviar y recibir mensajes a través de redes electrónicas. La estructura básica de un correo incluye un encabezado *(header),* que contiene información como el remitente, destinatario, fecha y asunto; y el cuerpo *(body),* que es el contenido principal del mensaje. Además, pueden adjuntarse archivos, lo que amplía las funcionalidades de este medio para compartir documentos, imágenes y otros tipos de archivos.

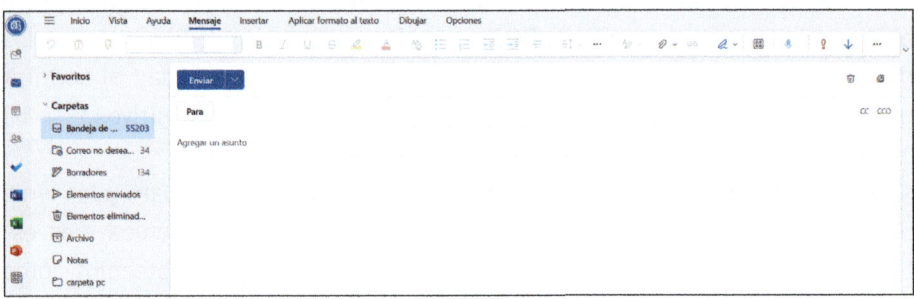

Captura de pantalla con el encabezado y el cuerpo de un correo electrónico en Outlook 365

- La gestión de correos electrónicos implica el uso de servidores y clientes de correo. Los servidores son potentes computadoras que envían, reciben y almacenan correos electrónicos, mientras que los clientes son aplicaciones o programas que las personas usuarias utilizan para leer, escribir y enviar los mensajes. La interacción entre clientes y servidores es fundamental para la funcionalidad del sistema de correo electrónico.
- El correo electrónico se rige por varios protocolos, que son conjuntos de reglas que permiten la comunicación entre los servidores de correo y los clientes. Los protocolos más conocidos incluyen SMTP (Simple Mail Transfer Protocol) para el envío de correos, IMAP (Internet Message Access Protocol) o POP3 (Post Office Protocol version 3) para la recepción. Cada uno tiene sus propias características y usos, adaptándose a diferentes necesidades y preferencias de los usuarios.

- Dada su importancia, la seguridad en el correo electrónico es un tema prioritario. Las amenazas como el *spam,* los virus, el *phishing* y otros tipos de *malware* pueden comprometer la integridad y la confidencialidad de la información. Por ello, se implementan diversas estrategias de seguridad, como filtros de *spam,* programas antivirus, y protocolos de autenticación y encriptación, para proteger la comunicación por correo electrónico.

- Con el paso del tiempo, el correo electrónico ha evolucionado significativamente, adaptándose a las nuevas tecnologías y a las cambiantes demandas de los usuarios. Desde sus inicios como una herramienta básica de texto hasta convertirse en una plataforma compleja que integra multimedia, almacenamiento en la nube y aplicaciones interactivas, el correo electrónico sigue siendo fundamental en la era digital.

 Para saber más

El siguiente enlace permite acceder a un artículo de *Mailchimp* sobre los ocho proveedores de servicios de correo electrónico más populares.

https://redirectoronline.com/uf12730101

El funcionamiento básico y las características significativas de los servidores de correo electrónico, foros, chat y mensajería electrónica instantánea son fundamentales para comprender cómo estas tecnologías facilitan la comunicación y la colaboración en el entorno digital. A continuación, se describe cada uno de estos sistemas:

Servidores de correo electrónico

Funcionamiento básico

Los servidores de correo electrónico son sistemas informáticos que envían, reciben y almacenan correos electrónicos. Utilizan protocolos estándar de internet, principalmente SMTP (Simple Mail Transfer Protocol) para el envío de correos, mientras que para la recepción y el acceso se utilizan IMAP (Internet Message Access Protocol) o POP3 (Post Office Protocol version 3).

Funcionan como intermediarios entre los usuarios finales, que utilizan clientes de correo electrónico para redactar, enviar y recibir mensajes.

Características significativas

Capacidad de almacenamiento: la cantidad de datos que pueden almacenar para los buzones de correo de los usuarios.

Seguridad: implementan características como cifrado TLS/SSL, autenticación, protección contra *spam* y *malware*.

Compatibilidad: soportan estándares y protocolos universales para garantizar la interoperabilidad con diferentes clientes de correo y otros servidores.

Flexibilidad y escalabilidad: pueden escalar para manejar un volumen creciente de mensajes y usuarios, y son configurables para satisfacer necesidades específicas.

Foros

Funcionamiento Básico

Los foros son plataformas en línea diseñadas para la discusión y el intercambio de información en formato de texto. Permiten a los usuarios publicar mensajes en diferentes categorías o temas, donde otros usuarios pueden leer y responder.

Características significativas

Estructura jerárquica: organizados en categorías, subforos y temas para facilitar la navegación y la búsqueda de información.

Moderación: funcionalidades para que los administradores y moderadores gestionen las publicaciones, manteniendo el orden y el respeto en las discusiones.

Personalización: opciones para personalizar la apariencia y las funcionalidades, adaptándose a las necesidades de la comunidad que lo utiliza.

Continúa en página siguiente >>

<< Viene de página anterior

Chat
Funcionamiento básico
Los sistemas de chat permiten la comunicación en tiempo real entre dos o más usuarios a través de mensajes de texto, y a menudo soportan el intercambio de archivos, enlaces y contenido multimedia.
Características significativas
Interactividad en tiempo real: permiten una comunicación instantánea, ideal para conversaciones rápidas y dinámicas.
Soporte multicanal: pueden integrarse con varias plataformas, permitiendo la sincronización de conversaciones a través de dispositivos.
Historial de mensajes: algunos sistemas guardan los mensajes anteriores para que los usuarios puedan revisar el historial de la conversación.

Mensajería electrónica instantánea
Funcionamiento básico
La mensajería electrónica instantánea es una forma de comunicación en línea que ofrece transmisión de mensajes en tiempo real. Combina elementos del correo electrónico, la mensajería instantánea y los servicios de chat en una plataforma unificada.
Características significativas
Presencia e inmediatez: los usuarios pueden ver quién está en línea y comunicarse con ellos instantáneamente. Funcionalidad de grupo: soporta la creación de grupos o canales para comunicación colectiva. Integraciones: frecuentemente se integran con otras herramientas y aplicaciones, proporcionando una solución de comunicación completa y multifuncional.

2.1. Formato de un mensaje de correo

El formato de un mensaje de correo electrónico está estandarizado para asegurar la coherencia y la interoperabilidad en la comunicación digital a través de diferentes plataformas y servicios. Este formato consta de varias partes esenciales que estructuran el mensaje, facilitando su envío, recepción e interpretación correcta por parte del *software* de correo. A continuación, se detallan los componentes clave del formato de un mensaje de correo electrónico:

- **Encabezado *(Header):*** el encabezado contiene metadatos cruciales sobre el mensaje de correo electrónico. Incluye líneas de campo que proporcionan información como:

  - **De *(From):*** indica la dirección de correo electrónico del remitente.
  - **Para *(To):*** muestra las direcciones de correo electrónico de los destinatarios principales.
  - **CC (Con Copia):** lista las direcciones de correo de los destinatarios que reciben una copia del mensaje, visibles para todos los destinatarios.
  - **BCC (Con Copia Oculta):** similar al CC, pero oculta las direcciones de los destinatarios de todos los demás, proporcionando privacidad adicional.

- **Asunto *(Subject):*** breve descripción del contenido o propósito del mensaje.
- **Fecha *(Date):*** el momento en el que el mensaje fue enviado.
- **Otros campos:** pueden incluir «Responder a» *(Reply-To),* «Enviado» *(Sent),* «Prioridad» *(Priority),* entre otros, que ofrecen más información y funcionalidades para la gestión del correo.
- **Cuerpo *(Body):*** es la parte principal del mensaje donde se escribe el texto del correo. Puede estar en formato de texto plano, que es universalmente compatible pero limitado en diseño, o en texto enriquecido/HTML, que permite estilos, enlaces, imágenes incorporadas y otros elementos multimedia. El cuerpo del mensaje puede estructurarse en secciones, incluir firmas automáticas y presentarse de manera que mejore la legibilidad y la efectividad de la comunicación.
- **Adjuntos *(Attachments):*** los correos electrónicos permiten incluir archivos adjuntos, que pueden ser documentos, imágenes, audio, vídeo o cualquier otro tipo de archivo digital. Los adjuntos se envían junto con el mensaje y pueden ser abiertos o descargados por el destinatario. Es importante ser consciente de las limitaciones de tamaño para los adjuntos y de los riesgos de seguridad asociados con el envío de ciertos tipos de archivos.
- **Formato MIME *(Multipurpose Internet Mail Extensions):*** MIME es un estándar que extiende el formato del correo electrónico para soportar textos en diferentes codificaciones de caracteres, contenidos multimedia y archivos adjuntos. Permite que el correo electrónico sea una herramienta versátil para enviar no solo texto, sino también datos no textuales.

Captura de pantalla con los componentes disponibles al redactar un correo electrónico en Gmail

 **Ejemplo**

Como ejemplo práctico, se presenta un escenario donde una empresa necesita enviar un informe mensual a varios de sus departamentos, utilizando el correo electrónico como medio de comunicación. Este ejemplo ilustra cómo se estructuraría el mensaje, siguiendo el formato estándar de un correo electrónico:

Encabezado del correo:

▌ De *(From):* direccion@empresa.com (la dirección de correo electrónico general o departamental desde la cual se envía el informe).

▌ Para *(To):* gerencia@empresa.com; finanzas@empresa.com; ventas@empresa.com (las direcciones de correo electrónico de los principales departamentos destinatarios).

▌ CC (Con Copia): rrhh@empresa.com; soporte@empresa.com (otros departamentos que requieren recibir el informe, pero que no son el foco principal del mensaje).

▌ BCC (Con Copia Oculta): auditoria@empresa.com (un departamento adicional que necesita recibir el informe, pero cuya recepción del correo debe permanecer oculta a los otros destinatarios).

▌ Asunto *(Subject):* Informe Mensual de Operaciones - [Mes/Año] (un título claro y descriptivo que informa a los destinatarios sobre el contenido del correo).

Continúa en página siguiente >>

<< Viene de página anterior

Cuerpo del correo: el cuerpo del mensaje se estructura en tres partes principales:

- Introducción: un breve párrafo que presenta el propósito del correo, por ejemplo, «Adjunto a este mensaje encontrarán el informe mensual de operaciones correspondiente a [Mes/Año], el cual proporciona una visión detallada del rendimiento y las actividades de la empresa durante el período indicado».
- Detalle: esta sección puede contener un resumen o puntos clave del informe, asegurando que los destinatarios comprendan los aspectos más importantes antes de revisar el documento adjunto.
- Cierre: una conclusión que puede incluir la solicitud de acuse de recibo, comentarios o la disponibilidad para discutir el contenido del informe, por ejemplo, «Por favor, confirmen la recepción de este correo y no duden en contactarnos si tienen preguntas o necesitan aclaraciones sobre el informe».

Adjuntos: se incluye el archivo «Informe_Operaciones_Mes_Año.pdf» como adjunto. Este documento contiene el informe completo, con todos los datos, análisis y gráficos pertinentes.

Formato MIME: aunque no visible directamente para el usuario, el correo se configura utilizando el estándar MIME, permitiendo que el adjunto (PDF) se envíe correctamente y se pueda abrir en el correo del destinatario.

2.2. Flujo de un mensaje de correo

El flujo de un mensaje de correo electrónico describe el proceso completo que sigue un correo desde su creación hasta su recepción. Este proceso involucra varios pasos y componentes esenciales que trabajan conjuntamente para asegurar la entrega exitosa del mensaje. A continuación, se detalla cada etapa del flujo:

1. **Composición del mensaje.** El proceso se inicia cuando el remitente compone un nuevo mensaje de correo electrónico utilizando un cliente de correo electrónico, también conocido como Mail User Agent (MUA). Aquí, el remitente redacta el contenido del correo, especifica la dirección de correo del destinatario, añade un asunto y, si es necesario, adjunta archivos.

2. **Envío del mensaje.** Una vez que el mensaje está listo, el remitente lo envía. El MUA se comunica con el servidor de correo saliente utilizando el protocolo SMTP (Simple Mail Transfer Protocol). Este servidor, conocido como Mail Transfer Agent (MTA), es responsable de procesar el correo saliente.

3. **Procesamiento por el servidor saliente.** El MTA revisa el mensaje, confirma que el remitente tiene autorización para enviarlo y luego busca la dirección del servidor de correo del destinatario a través del DNS (Domain Name System). El DNS traduce el dominio del correo electrónico (parte después de @) en una dirección IP para localizar el servidor receptor.

4. **Transferencia a servidor receptor.** El MTA envía el mensaje al servidor de correo del destinatario, utilizando nuevamente SMTP. Si el primer intento falla, por ejemplo, si el servidor receptor está temporalmente inaccesible, el MTA intentará reenviar el mensaje en intervalos predefinidos.

5. **Recepción y almacenamiento.** Una vez que el mensaje llega al servidor receptor, este lo procesa y lo almacena en el buzón del destinatario. Este servidor puede ser un MTA que funcione con protocolos adicionales como IMAP (Internet Message Access Protocol) o POP3 (Post Office Protocol), que son utilizados para recuperar mensajes por los clientes de correo.

IMAP permite acceder y gestionar el correo electrónico directamente en los servidores de correo, facilitando el acceso desde múltiples dispositivos.

6. **Acceso y lectura por el destinatario.** El destinatario accede al mensaje utilizando su propio cliente de correo, que puede configurarse para descargar el correo del servidor utilizando POP3 o para interactuar con él

directamente en el servidor a través de IMAP. Con POP3, los mensajes
se descargan y suelen eliminarse del servidor, mientras que IMAP permite gestionar los mensajes (leer, borrar, marcar) directamente en el
servidor, facilitando el acceso desde múltiples dispositivos.

7. **Interacción con el mensaje.** Después de recibir y leer el mensaje, el destinatario puede elegir interactuar con este, respondiendo, reenviándolo,
borrándolo o archivándolo. Cualquier acción tomada afectará a cómo el
mensaje se presenta o se conserva en su cliente de correo y, dependiendo de la configuración, posiblemente en el servidor.

 ## Aplicación práctica

Usted es parte de un equipo de seguridad de TI en una empresa. Su tarea es evaluar y
mejorar las prácticas de seguridad relacionadas con el flujo de correo electrónico de
la compañía. La empresa utiliza tanto IMAP como POP3 para el acceso a los correos
electrónicos y es consciente de que deben implementarse medidas de seguridad en
cada etapa del flujo de correo electrónico.

Desarrolle un plan que incluya medidas de seguridad específicas en cada etapa del
flujo de correo electrónico. Su plan debe abordar los siguientes puntos:

Composición del mensaje:

I Identifique posibles riesgos de seguridad durante la composición del mensaje.
I Proponga medidas de seguridad que se puedan implementar en esta etapa.

Envío del mensaje:

I Describa los riesgos asociados con el envío de correos electrónicos.
I Sugiera prácticas de seguridad que deben seguirse al enviar correos electrónicos.

Procesamiento por el servidor saliente:

I Analice los riesgos potenciales durante el procesamiento del servidor saliente.
I Recomiende medidas de seguridad para minimizar estos riesgos.

Continúa en página siguiente >>

<< Viene de página anterior

Transferencia a servidor receptor:

❚ Identifique las vulnerabilidades en la transferencia de correo electrónico al servidor receptor.
❚ Proponga estrategias para asegurar la transferencia de correos electrónicos.

Recepción y almacenamiento:

❚ Evalúe los riesgos asociados con la recepción y almacenamiento de correos electrónicos.
❚ Determine las prácticas de seguridad para proteger los correos electrónicos durante esta etapa.

Acceso y lectura por el destinatario:

❚ Considere los riesgos de seguridad al acceder y leer correos electrónicos.
❚ Sugiera medidas para garantizar la seguridad en esta etapa, tanto para POP3 como para IMAP.

Interacción con el mensaje:

❚ Analice los posibles problemas de seguridad al interactuar con los mensajes (responder, reenviar, etc.).
❚ Proponga medidas para proteger la integridad y confidencialidad de los mensajes durante estas interacciones.

SOLUCIÓN

Composición del mensaje:

❚ Riesgos de seguridad: *phishing, malware* en adjuntos, filtración de información sensible.
❚ Medidas de seguridad: capacitar al personal en el reconocimiento de *phishing* y prácticas seguras de envío de información. Uso de *software* antivirus para escanear adjuntos. Implementación de un sistema de cifrado de mensajes para proteger la confidencialidad de los datos.

Envío del mensaje:

❚ Riesgos: interceptación de correos, suplantación de identidad.
❚ Prácticas de seguridad: utilizar conexiones seguras (TLS/SSL) para el envío de correos. Verificación de la identidad del remitente mediante firmas digitales.

Continúa en página siguiente >>

<< Viene de página anterior

Procesamiento por el servidor saliente:

▌ Riesgos: ataques al servidor, manipulación de mensajes.
▌ Medidas de seguridad: uso de *firewalls* y sistemas de detección de intrusiones. Realizar auditorías de seguridad regulares en los servidores.

Transferencia a servidor receptor:

▌ Riesgos: interceptación y alteración de mensajes durante la transferencia.
▌ Estrategias de seguridad: cifrado de mensajes durante la transmisión. Uso de protocolos seguros como SMTPS.

Recepción y almacenamiento:

▌ Riesgos: acceso no autorizado a los correos, vulnerabilidades en el servidor.
▌ Prácticas de seguridad: implementar autenticación fuerte para el acceso a los correos. Cifrado de los correos almacenados en el servidor.

Acceso y lectura por el destinatario:

▌ Riesgos: acceso no autorizado, *malware* en adjuntos.
▌ Medidas para POP3 e IMAP: uso de conexiones seguras para acceder a los correos. Capacitación en prácticas seguras de manejo de correos y adjuntos.

Interacción con el mensaje:

▌ Riesgos: fuga de datos, ataques de phishing en respuestas.
▌ Medidas de seguridad: implementar políticas de retención y eliminación segura de correos. Educar sobre los riesgos de responder a correos sospechosos.

Ejemplo

Como ejemplo práctico, se puede considerar un escenario en el que una empresa de tecnología quiere implementar una actualización significativa en su *software*.

Continúa en página siguiente >>

<< Viene de página anterior

El departamento de TI decide enviar un correo electrónico detallado a todo el personal para informar sobre la actualización y las acciones requeridas por parte del equipo:

I Composición del mensaje: una persona del equipo de TI redacta un correo electrónico utilizando su aplicación de cliente de correo, como *Outlook* o *Gmail*. El mensaje incluye detalles técnicos sobre la actualización, el cronograma de implementación y las instrucciones paso a paso para los usuarios sobre cómo preparar sus sistemas para la actualización. Se adjunta un documento PDF con una guía detallada y se incluye un enlace a un videotutorial alojado en la plataforma interna de la empresa.

I Envío del mensaje: tras revisar el contenido por claridad y precisión, se envía el correo electrónico. Al hacer clic en enviar, el correo se dirige al servidor SMTP de la empresa, encargado de procesar los mensajes salientes.

I Procesamiento por el servidor saliente: el servidor SMTP verifica la autenticidad del mensaje y busca los servidores receptores correspondientes a las direcciones de correo del personal, utilizando DNS para resolver los nombres de dominio en direcciones IP.

I Transferencia a los servidores receptores: el mensaje es enviado desde el servidor SMTP a los servidores de correo del destinatario, que pueden estar alojados internamente o en la nube, dependiendo de la configuración de la empresa.

I Recepción y almacenamiento: el servidor receptor, que generalmente opera con protocolos como IMAP o POP3, recibe el correo y lo almacena hasta que el personal accede a él. IMAP permite al personal interactuar con sus mensajes directamente en el servidor, manteniendo sincronizados todos sus dispositivos.

I Acceso y lectura por el personal: el personal recibe una notificación de nuevo correo y accede al mensaje a través de sus clientes de correo, que pueden estar configurados en sus computadoras o dispositivos móviles. Al abrir el correo, pueden leer el contenido, seguir el enlace al videotutorial y descargar la guía en PDF.

I Interacción con el mensaje: después de revisar la actualización, el personal puede responder al correo electrónico para aclarar dudas, confirmar la recepción o comunicar cualquier incidencia relacionada con el proceso de actualización. También pueden reenviar el correo a otros miembros del equipo que puedan beneficiarse de la información o necesiten estar al tanto de la actualización.

POP3 es un protocolo estándar utilizado para recibir correos electrónicos desde un servidor de correo remoto a un cliente de correo local.

Actividades

1. ¿Cómo puede afectar el uso de clientes de correo electrónico diferentes (por ejemplo, aquellos que utilizan IMAP frente a los que utilizan POP3) en la gestión y accesibilidad de los mensajes de correo electrónico?
2. En el contexto del procesamiento de mensajes por el servidor saliente, ¿cuál es la importancia del DNS (Domain Name System) y cómo contribuye a la eficiencia y seguridad del envío de correos electrónicos?
3. ¿De qué manera la configuración y elección del protocolo (SMTP, IMAP, POP3) en los servidores y clientes de correo electrónico impacta en la eficacia de las medidas de seguridad contra el *spam* y los virus?
4. Considerando el proceso de interacción con el mensaje por parte del destinatario (responder, reenviar, borrar, archivar), ¿cuáles son las buenas prácticas recomendadas para asegurar la confidencialidad y la integridad de la información compartida a través de correos electrónicos?

2.3. Protocolos de red: DNS. SMTP. POP. IMAP. Otros protocolos propietarios

En el contexto de la mensajería electrónica, diversos protocolos de red juegan roles fundamentales en el envío, recepción y gestión de correos electrónicos. Cada uno de estos protocolos tiene funciones específicas que aseguran el flujo eficiente y seguro de la comunicación por correo electrónico:

- **DNS (Sistema de nombres de dominio).** Es clave en el proceso de envío de correos electrónicos, ya que traduce los nombres de dominio humanamente legibles (como www.ejemplo.com) en direcciones IP numéricas que las máquinas pueden identificar y localizar. En el correo electrónico, DNS se utiliza para encontrar el servidor de correo electrónico correcto al que enviar un mensaje, mediante la resolución del registro MX (Mail Exchange) que indica el servidor de correo destinado para un dominio específico.
- **SMTP (Protocolo simple de transferencia de correo).** Es el protocolo estándar utilizado para enviar correos electrónicos a través de internet. Funciona como un sistema de entrega, permitiendo que los clientes de correo electrónico envíen mensajes a un servidor de correo, y luego ese servidor los reenvía al servidor receptor correspondiente. Es esencial para el proceso de envío de correos, pero no para la recepción por parte del usuario final, ya que este aspecto se maneja mediante otros protocolos como POP o IMAP.
- **POP (Protocolo de oficina de correos).** Específicamente en su versión más reciente POP3, es un protocolo diseñado para permitir a los usuarios descargar correos electrónicos desde un servidor a su dispositivo local. Una vez que los correos son descargados, generalmente se eliminan del servidor, lo que significa que el acceso a estos correos se limita al dispositivo que los descargó. Este protocolo es ideal para usuarios que prefieren almacenar sus correos electrónicamente en su dispositivo y no necesitan acceder a ellos desde múltiples dispositivos.
- **IMAP (Protocolo de acceso a mensajes de internet).** Ofrece una solución más flexible que POP, permitiendo a los usuarios ver y gestionar sus correos electrónicos directamente en el servidor, sin necesidad de descargarlos. Esto significa que los correos pueden ser accedidos y sincronizados entre varios dispositivos, lo que lo hace ideal para usuarios

que necesitan acceder a sus mensajes desde múltiples ubicaciones o dispositivos.

- **Otros protocolos propietarios.** Además de los protocolos estándar, existen protocolos propietarios desarrollados por empresas específicas para sus aplicaciones de correo electrónico. Estos protocolos pueden ofrecer funcionalidades avanzadas o mejoradas, como mayor seguridad, integración con otros servicios o características de sincronización especializadas.

Los protocolos propietarios restringen la interoperabilidad al estar optimizados solo para aplicaciones específicas de la empresa que los desarrolló.

 **Ejemplo**

Se va a exponer un ejemplo práctico para cada uno de los protocolos:

- **DNS:** una organización necesita enviar un correo electrónico promocional a sus suscriptoras. El servidor de correo de la organización, antes de enviar el correo, consulta el DNS para obtener la dirección IP correspondiente al servidor de correo de los dominios de las suscriptoras. Por ejemplo, al enviar a «usuario@cliente.com», el DNS resuelve el nombre de dominio «cliente.com» y devuelve la dirección IP del servidor de correo designado para recibir correos en ese dominio.
- **SMTP:** el departamento de atención al cliente de una empresa envía una actualización importante a todas las personas suscritas a su boletín. Utilizan un *software* de correo electrónico que se comunica con el servidor SMTP de la empresa para enviar estos correos. El servidor SMTP se encarga de contactar a los servidores de correo de los destinatarios y entregar el mensaje correctamente.

Continúa en página siguiente >>

<< Viene de página anterior

▎ **POP:** una persona que trabaja desde casa tiene configurada su cuenta de correo electrónico en un cliente de escritorio que utiliza POP3. Cada mañana, al abrir su cliente de correo, este descarga todos los nuevos mensajes de la noche anterior desde el servidor y los almacena en el disco duro local. Esto permite a la persona revisar los correos electrónicos sin conexión a internet y asegura que los mensajes estén disponibles solo en ese dispositivo.

▎ **IMAP:** en una empresa, el personal utiliza diversos dispositivos para acceder al correo electrónico: ordenadores de escritorio, portátiles, *tablets* y *smartphones.* La configuración de sus cuentas de correo electrónico con IMAP permite que mantengan sus mensajes sincronizados en todos estos dispositivos. Cuando una persona marca un correo como leído en su *smartphone,* el cambio se refleja instantáneamente en su computadora portátil y otros dispositivos.

▎ **Otros protocolos propietarios:** una empresa tecnológica ha desarrollado un sistema de correo electrónico interno que utiliza un protocolo propietario para mejorar la seguridad y la integración con sus propios sistemas de gestión de proyectos y bases de datos internas. Este sistema permite a su personal organizar los correos electrónicos automáticamente según el proyecto y vincular directamente a registros de la base de datos relevante para cada correo.

Es importante destacar que la elección entre los protocolos POP e IMAP debe basarse en las necesidades específicas de acceso al correo electrónico. Mientras que POP3 es ideal para quienes prefieren descargar sus correos y acceder a ellos localmente, IMAP es la mejor opción para usuarios que necesitan mantener sus correos accesibles y sincronizados en varios dispositivos. Además, es importante implementar prácticas de seguridad robustas, especialmente al configurar servidores SMTP, para evitar que se conviertan en vectores para el envío de *spam* o para ataques de suplantación de identidad *(phishing).* Al utilizar estos protocolos, se recomienda habilitar versiones seguras (como SMTPS, IMAPS, POPS) que cifran la conexión para proteger la integridad y la confidencialidad de los datos de correo electrónico.

Aplicación práctica

Se encuentra en un ejercicio de formación como parte de un equipo de TI. Se le ha presentado un escenario hipotético en el que una empresa tiene un sistema de correo electrónico que utiliza los protocolos de red DNS, SMTP, POP, IMAP y algunos protocolos propietarios. Sin embargo, este sistema enfrenta varios desafíos:

I El DNS no siempre resuelve eficientemente, lo que resulta en retrasos.
I La seguridad del protocolo SMTP ha sido comprometida recientemente.
I Hay confusión entre los empleados sobre cuándo usar POP y cuándo IMAP.
I Los protocolos propietarios no están completamente integrados con el resto del sistema.
I Falta de medidas de seguridad avanzadas y filtrado eficiente de *spam.*

Su tarea es analizar estos problemas y proponer soluciones específicas para cada uno. Debe:

I Sugerir una manera de optimizar el DNS para mejorar la resolución y reducir los retrasos.
I Proponer mejoras en la seguridad del SMTP para prevenir futuras brechas de seguridad.
I Desarrollar criterios claros para ayudar a los empleados a decidir cuándo usar POP y cuándo IMAP.
I Idear una estrategia para una mejor integración de los protocolos propietarios.
I Recomendar medidas adicionales de seguridad y estrategias de filtrado de *spam.*

SOLUCIÓN

Optimización del DNS:

I Implementación de un sistema de caché DNS más eficiente para acelerar la resolución.
I Uso de DNSSEC para mejorar la seguridad y la autenticidad en la resolución de DNS.

Mejoras en la seguridad del SMTP:

I Configuración de encriptación TLS para asegurar la transmisión de datos.
I Implementación de autenticación de dos factores para el acceso al servidor SMTP.

Criterios para uso de POP vs IMAP:

I POP debería ser recomendado para usuarios que acceden al correo electrónico principalmente desde un solo dispositivo.

Continúa en página siguiente >>

<< Viene de página anterior

▌ IMAP se sugiere para aquellos que necesitan acceder a sus correos desde múltiples dispositivos.

Integración de protocolos propietarios:

▌ Desarrollar una API que facilite la comunicación entre los protocolos propietarios y los estándares del sistema.
▌ Realizar pruebas regulares para asegurar la compatibilidad y la seguridad entre diferentes protocolos.

Medidas de seguridad y filtrado de *spam:*

▌ Instalación de sistemas avanzados de filtrado de *spam* basados en aprendizaje automático.
▌ Realizar auditorías de seguridad periódicas y actualizar las políticas de seguridad según sea necesario.

2.4. Aplicaciones Cliente y Servidor: MUA. MTA. Servidores POP/IMAP y otros

En el ecosistema del correo electrónico, las aplicaciones cliente y servidor desempeñan roles esenciales en la gestión y el intercambio de mensajes. Estas aplicaciones se clasifican en varias categorías, cada una responsable de diferentes aspectos del proceso de correo electrónico; estas se describen a continuación.

MUA (Mail User Agent o agente de usuario de correo)

El MUA es la aplicación cliente de correo electrónico que permite a las personas interactuar con el sistema de correo. Es el *software* que se utiliza para leer, redactar, enviar y almacenar mensajes de correo electrónico. Ejemplos populares incluyen *Microsoft Outlook, Mozilla Thunderbird* y aplicaciones de correo en *smartphones.* El MUA se conecta a un servidor de correo para enviar los mensajes a través de SMTP y para recibir mensajes utilizando IMAP o POP.

Visualmente, lo que el usuario ve es la interfaz gráfica de la aplicación, que puede variar ampliamente en diseño y funcionalidad dependiendo del *software* específico (por ejemplo, *Outlook, Thunderbird,* la aplicación de correo en un iPhone). Aunque no tiene una forma física por sí mismo, reside en el sistema operativo del dispositivo y se representa a través de la interfaz de usuario que permite interactuar con los correos electrónicos.

A continuación, se expone el proceso del MUA (Mail User Agent) estructurado en formato de tabla para una visualización clara y organizada.

Paso	Componente	Descripción
1	Usuario	Inicia el proceso interactuando con el MUA para redactar un correo electrónico.
2	MUA (Mail User Agent)	Permite la composición, edición y adjuntar archivos al correo electrónico antes de enviarlo.
3	Envío a través del MUA	El usuario envía el correo, que es procesado por el MUA y enviado al servidor SMTP.
4	Servidor SMTP	Recibe el correo del MUA, lo procesa y lo envía al servidor SMTP del destinatario.
5	Servidor SMTP Destinatario	Recibe el correo y lo encamina hacia el buzón de correo del destinatario.
6	Servidor POP/IMAP Destinatario	Almacena los correos recibidos y espera la solicitud del destinatario para acceder al mensaje.
7	MUA del Destinatario	Recupera el correo del servidor (vía POP o IMAP) y permite al destinatario leer y gestionar el correo.

MTA (Mail Transfer Agent o agente de transferencia de correo)

El MTA es un tipo de servidor de correo que se encarga de transferir los mensajes de correo electrónico de un dispositivo a otro. Funciona en el *backend,* recibiendo correos electrónicos de un MUA o de otro MTA, procesándolos y luego enviándolos al MTA destinatario o al MDA (Mail Delivery Agent) correspondiente. Es fundamental en la ruta que sigue un correo electrónico desde el remitente hasta el destinatario. El MTA utiliza SMTP para enviar y recibir mensajes.

Físicamente, un servidor puede parecerse a una caja de metal montada en un *rack* dentro de un centro de datos, pero el MTA en sí es un programa que se ejecuta en el servidor. No se ve ni se interactúa directamente con él en un entorno normal; su funcionamiento es completamente *software* y trabaja detrás de escena para procesar y transferir correos electrónicos.

La secuencia de iconos ilustra el proceso de manejo de un mensaje de correo electrónico por parte de un MTA (Mail Transfer Agent), desde la recepción hasta la preparación para su entrega final.

A continuación, se expone el proceso del MTA (Mail Transfer Agent o Agente de Transferencia de Correo) estructurado en formato de tabla para una visualización clara y organizada:

Paso	Componente	Descripción
1	MUA (Mail User Agent)	El usuario envía un correo electrónico que es recogido por el MUA y enviado al MTA.
2	MTA (Envío)	El MTA de origen recibe el correo del MUA, lo procesa y determina la ruta para el servidor del destinatario basándose en la dirección de correo.
3	DNS (Sistema de Nombres de Dominio)	Consulta al DNS para resolver el nombre de dominio del destinatario y encontrar la dirección IP del MTA destinatario.
4	MTA (Recepción)	El MTA destinatario recibe el correo del MTA remitente. Procesa el correo y verifica que pueda ser entregado al destinatario.

Continúa en página siguiente >>

<< Viene de página anterior

Paso	Componente	Descripción
5	Filtros y Verificaciones	El MTA aplicará filtros de *spam,* realizará verificaciones de seguridad como SPF/DKIM, y comprobará si el destinatario es válido.
6	MDA (Mail Delivery Agent)	Una vez que el correo ha sido procesado y aceptado, el MTA pasa el correo al MDA para la entrega final al buzón del destinatario.
7	Buzón del destinatario	El correo es entregado al buzón del destinatario, donde permanece hasta que el destinatario lo recupera utilizando su MUA.

Servidores POP/IMAP

Estos servidores son los encargados de almacenar los mensajes de correo electrónico y hacerlos accesibles para el usuario final a través del MUA:

- **Servidor POP *(Post Office Protocol):*** un servidor POP permite a los MUA descargar los mensajes de correo electrónico del servidor a la computadora personal o dispositivo móvil del usuario. Después de la descarga, los mensajes suelen ser eliminados del servidor, lo que significa que el acceso a estos correos se restringe al dispositivo que realizó la descarga.
- **Servidor IMAP *(Internet Message Access Protocol):*** a diferencia de POP, un servidor IMAP permite que los mensajes de correo electrónico se almacenen en el servidor y sean gestionados (leídos, marcados como leídos, eliminados, etc.) directamente desde múltiples dispositivos. Esto facilita una experiencia de usuario coherente y sincronizada en todos los dispositivos que acceden al correo electrónico.

Al igual que con el MTA, los servidores que ejecutan los protocolos POP o IMAP son físicamente servidores informáticos ubicados en centros de datos o en instalaciones de alojamiento. El aspecto físico es el de los servidores estándar, pero el *software* POP o IMAP que manejan la recepción, el almacenamiento y la disponibilidad de los correos electrónicos opera en el dominio del *software*. El usuario final interactúa con este *software* a través del MUA, sin necesidad de interactuar directamente con el servidor físico.

Otros servidores de correo electrónico

Además de los servidores MTA y POP/IMAP, existen otros servidores especializados que ofrecen funcionalidades adicionales, como filtrado de *spam*, archivado de correos, seguridad mejorada y encriptación, o integración con sistemas empresariales como CRM o ERP. Estos servidores pueden operar usando protocolos estándar o propietarios y a menudo se personalizan para satisfacer las necesidades específicas de una organización.

Un ejemplo de un servidor de correo electrónico especializado podría ser un servidor de filtrado de spam.

 Nota

La elección entre utilizar POP o IMAP depende de las necesidades individuales o empresariales de acceso al correo electrónico. Mientras POP es ideal para quienes prefieren almacenar sus correos localmente y acceder a ellos *offline*, IMAP es mejor para quienes necesitan mantener una sincronización en tiempo real de sus correos en varios dispositivos. La configuración del MUA y la selección del servidor adecuado son esenciales para optimizar la eficiencia y la efectividad de la comunicación por correo electrónico.

Aplicación práctica

Usted está en un equipo de seguridad de TI en una organización que utiliza un sistema de correo electrónico extenso. Con la complejidad del proceso de transferencia de correo (MTA), así como el uso de servidores POP/IMAP y otros servidores adicionales, hay varios puntos en los que la seguridad podría verse comprometida. Su tarea es desarrollar un protocolo para identificar y responder a incidentes de seguridad relacionados con el correo electrónico.

Crear un procedimiento estandarizado que los empleados deben seguir en caso de detectar posibles incidentes de seguridad en el correo electrónico. Este procedimiento debe ser claro y fácil de seguir, incluso para usuarios no técnicos, y debe cubrir los siguientes aspectos:

- Identificación del incidente.
- Aislamiento del problema.
- Notificación a las autoridades pertinentes.
- Documentación del incidente.

SOLUCIÓN

Procedimiento para la respuesta ante incidentes de seguridad en el correo electrónico:

- Identificación del incidente:

  - Usuario: debe estar atento a señales de compromiso como correos no reconocidos en su bandeja de salida, alertas de seguridad inesperadas o mensajes de error al enviar/recibir correos.
  - Acción: marcar los correos sospechosos y no interactuar con ellos (no abrir adjuntos, no hacer clic en enlaces).

- Aislamiento:

  - Usuario: dejar de usar el sistema de correo electrónico inmediatamente para evitar la propagación del problema.
  - Acción: desconectar el dispositivo de la red y cerrar la sesión de correo electrónico en todos los dispositivos.

Continúa en página siguiente >>

<< Viene de página anterior

▎Notificación:

    ▎Usuario: debe informar al equipo de TI y seguridad de la organización lo antes posible.
    ▎Acción: utilizar un medio de comunicación seguro y diferente para reportar el incidente, como un teléfono.

▎Documentación:

    ▎Usuario: registrar todos los detalles del incidente, incluyendo la hora, los correos afectados y cualquier otra observación pertinente.
    ▎Acción: mantener un registro detallado y preciso para facilitar la investigación posterior del incidente.

2.5. Amenazas y métodos de contención: *Spam* y Virus. Filtros antivirus/antispam, SPF, *Domain Keys, SenderId.* Otras amenazas

El ámbito de la mensajería electrónica se halla incesantemente expuesto a un espectro de amenazas cibernéticas que pueden vulnerar la integridad y confidencialidad de los datos. Entre los riesgos predominantes se incluyen:

- **Correo no deseado** *(spam):* mensajes electrónicos no solicitados, frecuentemente enviados en grandes cantidades, que pueden abrumar los sistemas de correo y, ocasionalmente, actuar como conductos para peligros más severos, tales como el *phishing* o la diseminación de *software* malintencionado.
- **Virus informáticos:** aplicaciones dañinas que pueden transmitirse mediante correos electrónicos y tienen el potencial de deteriorar sistemas informáticos, expropiar datos sensibles o comandar recursos de computación de manera ilícita.

*Los virus informáticos son códigos malintencionados diseñados para replicarse
y propagarse, comprometiendo la confidencialidad de los sistemas informáticos
afectados.*

Para contrarrestar dichas amenazas, se han instituido múltiples estrategias
de mitigación:

- **Soluciones antivirus/*antispam*:** aplicaciones diseñadas para inspeccio-
  nar mensajes electrónicos y detectar indicativos de *malware* o *spam*,
  empleando para ello bases de datos de virus conocidos, análisis heurís-
  tico o patrones comunes de *spam*.
- **Marco de política de remitentes (SPF):** un protocolo de verificación de
  correo electrónico que confirma si los mensajes entrantes provienen de
  servidores aprobados por el dominio del emisor, contribuyendo a la pre-
  vención de la suplantación de identidad y el *phishing*.
- **Claves de dominio/DKIM *(Domain Keys Identified Mail)*:** un mecanismo
  de autenticación de *e-mail* que utiliza la criptografía para verificar que
  los mensajes no han sido modificados durante su transmisión y que el
  originador es auténtico.
- **Identificador del remitente *(SenderID)*:** tecnología parecida al SPF, facilita la autenticación del correo, asegurando que este se origina de un
  servidor autorizado, potenciando la eficacia en el filtrado de *e-mails* no
  deseados o malintencionados.

Adicionalmente, se deben considerar otras vulnerabilidades emergentes
que demandan vigilancia, como:

- **Phishing:** estrategias fraudulentas que buscan engañar a los individuos para que divulguen información confidencial, mediante correos que simulan proceder de entidades fiables.
- **Ransomware:** una variedad de *malware* que encripta los archivos del sistema afectado y solicita un pago por el rescate de la información.

 ## Actividades

5. ¿Qué problemas pueden causar los correos electrónicos de *spam* en el entorno empresarial?
6. ¿Cuál es la función de los filtros antivirus/*antispam?*
7. ¿Cómo contribuye SPF (Sender Policy Framework) a la seguridad del correo electrónico?
8. ¿Qué estrategias adicionales se mencionan para manejar amenazas aparte del *spam* y los virus?

 ## Aplicación práctica

Es parte del equipo de una empresa y ha recibido un correo electrónico que parece ser de un cliente importante. Sin embargo, algo en el correo parece inusual. El mensaje solicita información confidencial de la empresa y contiene un enlace para «verificar tu identidad».

Analice el correo electrónico basándose en su conocimiento sobre la seguridad del correo electrónico y decida cómo proceder. Considere los siguientes puntos:

I Inspección del encabezado: observe el encabezado del correo, ¿qué elementos podría usted verificar para asegurarse de la autenticidad del remitente?
I Análisis del contenido: evalúe el cuerpo del mensaje. Identifique señales de alerta que podrían indicarle que el correo es un intento de *phishing*.
I Verificación de enlaces y adjuntos: reflexione sobre los riesgos de hacer clic en enlaces o descargar archivos adjuntos de correos electrónicos no verificados.
I Protocolo de respuesta: sin responder directamente al correo, describa qué pasos seguiría para confirmar la legitimidad del mensaje y cómo reportaría el incidente a su equipo de TI.

Continúa en página siguiente >>

<< Viene de página anterior

SOLUCIÓN

I Inspección del encabezado: para verificar la autenticidad del remitente, revisaría si la dirección de correo electrónico coincide exactamente con la dirección habitual del cliente, prestando atención a diferencias sutiles que podrían indicar una suplantación. Además, comprobaría la hora del envío y otros detalles del encabezado, como la ruta del mensaje (si está disponible), para detectar cualquier irregularidad.

I Análisis del contenido: en el cuerpo del mensaje, buscaría señales de alerta como errores gramaticales, un tono urgente que solicita acción inmediata, o cualquier solicitud no característica que pida información sensible. La presencia de un saludo genérico en lugar de uno personalizado también podría ser sospechosa. Además, evaluaría la coherencia del mensaje con los intercambios habituales que tenemos con el cliente.

I Verificación de enlaces y adjuntos: evitaría hacer clic en cualquier enlace o descargar archivos adjuntos sin antes verificar su seguridad. Esto podría hacerse pasando el cursor sobre el enlace para ver la URL de destino (sin hacer clic) y asegurándose de que corresponde a un sitio web legítimo y esperado. Si hay adjuntos, no los abriría sin antes escanearlos con *software* antivirus o confirmar la legitimidad del correo con el supuesto remitente.

I Protocolo de respuesta: no respondería al correo electrónico sospechoso directamente. En su lugar, informaría al departamento de TI para su análisis y seguiría las políticas de la empresa para estos casos, que podrían incluir marcar el correo como *phishing* o reportarlo a través de herramientas especializadas. Además, me comunicaría directamente con el cliente a través de un medio verificado para confirmar la legitimidad de la solicitud.

3. Mensajería electrónica instantánea

La mensajería electrónica instantánea juega un papel clave en la comunicación empresarial moderna, facilitando intercambios rápidos y eficientes.

 Definición

Mensajería electrónica instantánea
Es un método de comunicación que permite el intercambio instantáneo de mensajes entre personas a través de dispositivos electrónicos. En contraste con el correo electrónico, que

Continúa en página siguiente >>

<< Viene de página anterior

puede experimentar retrasos, esta tecnología posibilita una interacción en tiempo real, facilitando que los usuarios y las usuarias reciban y respondan mensajes de manera inmediata. Esta herramienta admite el envío de texto, archivos, imágenes, vídeos y enlaces, y puede incluir funcionalidades como llamadas de voz y vídeo. Es utilizada ampliamente en diversos ámbitos, tanto personales como profesionales, proporcionando una plataforma eficaz y ágil para la comunicación digital.

En el contexto de la selección, instalación y configuración del *software* de servidor de mensajería electrónica, es fundamental abordar este proceso con un enfoque metódico y profesional:

■ **Selección del *software*:**

1. Antes de seleccionar un *software,* es esencial evaluar las necesidades específicas de la organización. Esto incluye considerar el tamaño de la empresa, el volumen de mensajes, los requisitos de seguridad, la necesidad de integraciones con otras herramientas y la preferencia entre soluciones locales o basadas en la nube.

2. Investigar y comparar diferentes soluciones de *software* disponibles en el mercado. Es importante considerar factores como la fiabilidad, la escalabilidad, las características de seguridad (como el cifrado de extremo a extremo), la facilidad de uso y el soporte técnico proporcionado por el proveedor.

3. Evaluar las opciones finalistas mediante pruebas piloto para verificar su compatibilidad con la infraestructura existente y para asegurar que cumplan con los requisitos identificados.

■ **Instalación del *software*:**

1. Asegurar que la infraestructura de TI esté lista para la implementación, lo que puede incluir la configuración de servidores, la asignación de recursos de red y la actualización de sistemas operativos y dependencias de *software.*

2. Seguir las mejores prácticas recomendadas por el proveedor para una instalación segura, que pueden incluir la configuración de *firewalls,* la implementación de políticas de seguridad y la creación de cuentas de usuario con los permisos adecuados.

3. Mantener un registro detallado de la configuración y de cualquier cambio realizado durante la instalación, facilitando así futuras auditorías, mantenimiento o solución de problemas.

■ **Configuración del *software:***

1. Configurar el *software* para adaptarlo a las necesidades específicas de la organización, lo que puede incluir la personalización de las preferencias de usuario, la configuración de grupos de trabajo, y la integración con otros sistemas de comunicación y bases de datos.

2. Establecer y aplicar políticas de seguridad robustas, incluyendo autenticación, autorizaciones, gestión de claves y protocolos de cifrado, para proteger la integridad y la confidencialidad de los mensajes.

3. Proporcionar formación a los usuarios para asegurar que están familiarizados con las funcionalidades del sistema y establecer un protocolo de soporte técnico para abordar cualquier incidencia o pregunta que pueda surgir.

Existen numerosas aplicaciones de mensajería electrónica instantánea que son ampliamente utilizadas, tanto en ámbitos personales como profesionales, facilitando la comunicación inmediata entre personas. Estas plataformas permiten el intercambio de mensajes, archivos, imágenes y vídeos, y algunas también ofrecen la posibilidad de realizar llamadas de voz y vídeo.

A continuación, se presentan varios ejemplos de algunas de las aplicaciones más populares.

 **Ejemplo**

WhatsApp: es una aplicación utilizada por una amplia mayoría de la población para comunicarse de manera instantánea. Permite enviar mensajes de texto, notas de voz, realizar llamadas de voz y vídeo, y compartir imágenes, vídeos y documentos.

La app de WhatsApp es extremadamente popular en España. (© Fotografía: The_Believer_art / Shutterstock.com)

Telegram: reconocida por sus robustas medidas de seguridad y privacidad, es ampliamente apreciada por su capacidad para enviar mensajes cifrados, crear grupos grandes y canales públicos, y compartir archivos de gran tamaño.

Signal: aunque no tan extendida como *WhatsApp* o *Telegram, Signal* ha ganado usuarios gracias a su fuerte enfoque en la privacidad y seguridad, proporcionando mensajería cifrada de extremo a extremo en un entorno sin publicidad.

Facebook Messenger: a pesar de la variedad de opciones disponibles, *Messenger* sigue siendo una herramienta popular en España para quienes ya están integrados en el ecosistema de *Facebook,* permitiendo la comunicación instantánea, llamadas de voz y vídeo, y el envío de archivos y enlaces.

Icono de la app de Facebook Messenger

Skype: tradicionalmente utilizado para videollamadas, *Skype* también ofrece mensajería instantánea y ha sido una herramienta clave en entornos profesionales y personales, especialmente para comunicaciones internacionales.

Aplicación práctica

Considere que está en un equipo encargado de desarrollar una política de seguridad para la implementación de una nueva plataforma de mensajería electrónica instantánea en su organización. Aunque no tiene acceso a una plataforma específica, debe utilizar su conocimiento sobre las características comunes de seguridad en la mensajería instantánea para formular esta política.

Proponga un procedimiento básico que los usuarios deben seguir si identifican una amenaza de seguridad o sospechan que la plataforma ha sido comprometida.

El procedimiento debe tener la siguiente estructura:

1. Identificación del incidente:

   ı Usuario: ...
   ı Acción: ...

2. Aislamiento:

   ı Usuario: ...
   ı Acción: ...

3. Notificación:

   ı Usuario: ...
   ı Acción: ...

4. Documentación:

   ı Usuario: ...
   ı Acción: ...

SOLUCIÓN

Procedimiento:

1. Identificación del incidente:

   ı Usuario: detecta un comportamiento anómalo, como mensajes no enviados por ellos pero que aparecen como tales, solicitudes de conexión inusuales, o notificaciones de acceso a la cuenta desde dispositivos desconocidos.

Continúa en página siguiente >>

<< Viene de página anterior

▪ Acción: marcar inmediatamente el mensaje como sospechoso y no interactuar con él (no hacer clic en enlaces, no descargar archivos adjuntos, no responder).

2. Aislamiento:

▪ Usuario: debe dejar de utilizar la plataforma inmediatamente para evitar la propagación de posibles amenazas.
▪ Acción: desconectar el dispositivo afectado de todas las redes para minimizar el riesgo de propagación del incidente a otros dispositivos o sistemas.

3. Notificación:

▪ Usuario: informar al equipo de seguridad de TI sin demora, proporcionando todos los detalles relevantes del incidente.
▪ Acción: utilizar un medio de comunicación alternativo para reportar el incidente, como un teléfono o un sistema de mensajería diferente, para evitar posibles compromisos adicionales.

4. Documentación:

▪ Usuario: registrar la hora exacta del incidente, las acciones realizadas antes de la detección del incidente, y cualquier otra observación que pueda ser relevante para la investigación.
▪ Acción: mantener un registro detallado, incluso si parece trivial, ya que puede ser esencial para la investigación del incidente.

---

4. Foros

Los **foros** son plataformas digitales diseñadas para facilitar la comunicación y el intercambio de información de manera asincrónica entre las personas. Permiten a los usuarios y las usuarias publicar mensajes, responder a consultas y participar en discusiones estructuradas por temas o categorías. Estos espacios virtuales fomentan la construcción de comunidades alrededor de intereses comunes, donde los participantes pueden compartir conocimientos, resolver dudas y colaborar en diversos proyectos o temáticas, manteniendo un registro persistente de las conversaciones para su consulta futura.

A continuación, se detalla cómo se podría desarrollar la selección, instalación y configuración de *software* de foros, integrándolos en un sistema de mensajería electrónica:

■ **Selección del *software* de foros:**

1. Determinar las necesidades específicas de comunicación y colaboración de la organización, considerando factores como el tamaño de la comunidad, la naturaleza de las discusiones y los requisitos de integración con sistemas existentes de mensajería electrónica.

   Si se busca promover la colaboración en un entorno empresarial, se podría preferir *software* que ofrezca integraciones con herramientas de gestión de proyectos. En cambio, para una comunidad en línea, se priorizarían las funcionalidades de interacción social y personalización.

Elegir el software de foros adecuado requiere alinear sus características con los objetivos específicos de colaboración y comunicación.

2. Comparar diversas soluciones de *software* de foros, teniendo en cuenta aspectos como la escalabilidad, la facilidad de uso, las opciones de personalización, las capacidades de moderación y las herramientas de administración.

   Si se anticipa un rápido crecimiento del foro, se debe optar por un *software* que maneje eficientemente un aumento en el volumen de mensajes y participantes.

3. Optar por un *software* que ofrezca una estructura organizativa clara (categorías, subforos), una gestión eficiente de los miembros (perfiles, roles, permisos), y robustas opciones de seguridad (autenticación, protección de datos).

Si el entorno existente está basado en *Windows,* se preferiría *software* que se integre sin problemas con este sistema.

■ **Instalación del *software:***

1. Asegurar que la infraestructura de TI (servidores, bases de datos, conexiones de red) sea compatible con el *software* seleccionado y esté preparada para una instalación sin contratiempos.

El servidor debe cumplir con los requisitos específicos del *software* elegido, como la capacidad de procesamiento, memoria y espacio en disco, además de los requerimientos de sistema operativo y base de datos.

2. Seguir las directrices del fabricante para instalar el *software,* prestando especial atención a las configuraciones de seguridad y a la correcta integración con el entorno de mensajería electrónica existente.

Para seguir una instalación segura puede ser necesario implementar prácticas de seguridad durante la instalación, como el uso de conexiones cifradas, la configuración de cortafuegos y la definición de políticas de acceso.

3. Realizar pruebas para asegurar que el foro está operativo, que se integra correctamente con el sistema de mensajería electrónica y que cumple con todos los requisitos funcionales y de seguridad.

Una instalación de prueba en un entorno controlado permite verificar la correcta configuración del *software,* identificar posibles problemas y ajustar la configuración antes del lanzamiento oficial.

■ **Configuración y personalización:**

1. Configurar los aspectos fundamentales del foro, tales como la estructura de categorías, los foros temáticos, los permisos de usuarios y las políticas de moderación, asegurando que se alineen con los objetivos de comunicación de la entidad.

2. Modificar la interfaz y la experiencia de usuario para que reflejen la identidad visual de la organización y proporcionen una navegación intuitiva y accesible para todos los usuarios.

3. Establecer conexiones con el sistema de mensajería electrónica para facilitar una comunicación fluida, permitiendo, por ejemplo, notificaciones automáticas de nuevas publicaciones o integración de herramientas colaborativas.

 ## Aplicación práctica

Como parte de un proyecto sobre tecnologías de la información, hay que desarrollar un plan para configurar y personalizar un foro en línea. La organización busca crear una comunidad activa y comprometida que pueda intercambiar ideas, discutir soluciones y colaborar en proyectos relacionados con el cambio climático y la sostenibilidad.

Diseñe una estructura de categorías y subforos que reflejen los diversos aspectos del cambio climático y la sostenibilidad. Considere categorías como «Innovación sostenible», «Acción comunitaria», «Educación ambiental» y «Políticas de cambio climático».

Defina los diferentes roles de los usuarios (por ejemplo, administradores, moderadores, miembros, visitantes) y especifique los permisos o restricciones que cada rol tendría en el foro.

Debe presentar un documento detallado que incluya:

I Un diagrama de la estructura propuesta para el foro, incluyendo categorías y subforos.
I Una tabla que resuma los roles de los usuarios y sus permisos asociados.

SOLUCIÓN (Posible solución)

Diagrama de la estructura:
Categorías principales y subforos:

I Innovación sostenible:

  ı Tecnologías verdes
  ı Energías renovables

Continúa en página siguiente >>

<< Viene de página anterior

- Sostenibilidad en empresas
- Casos de éxito y estudios de caso

- Acción comunitaria:

  - Proyectos locales
  - Voluntariado y eventos
  - Educación y sensibilización
  - Colaboraciones y alianzas

- Educación ambiental:

  - Recursos didácticos
  - *Webinars* y talleres
  - Campañas de concienciación
  - Foro juvenil sobre clima

- Políticas de cambio climático:

  - Legislación y normativas
  - Debates y discusiones
  - Impacto global del cambio climático
  - Iniciativas gubernamentales y ONG

- Investigación y desarrollo:

  - Últimas investigaciones
  - Innovaciones y patentes
  - Colaboración académica
  - Desafíos y oportunidades

- Espacio comunitario:

  - Introducciones y bienvenidas
  - *Off-topic* y charlas generales
  - Retroalimentación del sitio
  - Anuncios y actualizaciones

El diagrama representaría visualmente las categorías como grandes bloques, cada uno conectado a sus respectivos subforos. Cada subforo se muestra como un elemento que se ramifica de su categoría principal, indicando una estructura clara y organizada que facilita la navegación y la participación de los usuarios.

Continúa en página siguiente >>

<< Viene de página anterior

Tabla de roles y permisos:

Permisos / Roles	Administradores	Moderadores	Miembros	Visitantes
Crear publicaciones	Sí	Sí	Sí	No
Responder publicaciones	Sí	Sí	Sí	No
Editar propias publicaciones	Sí	Sí	Sí	No
Eliminar propias publicaciones	Sí	Sí	Sí	No
Acceso a foros privados	Sí	Sí	No	No
Moderar publicaciones	Sí	Sí	No	No
Administrar usuarios	Sí	No	No	No
Configurar el foro	Sí	No	No	No

Descripciones de los roles:

- Administradores: tienen acceso completo y control sobre el foro, incluyendo todas las publicaciones y configuraciones.
- Moderadores: pueden moderar publicaciones, editar y eliminar mensajes, y tienen acceso a foros privados, pero no pueden modificar la configuración global del foro ni administrar usuarios.
- Miembros: pueden crear, editar y eliminar sus propias publicaciones, pero no tienen permisos de moderación ni acceso a la configuración del foro o a foros exclusivos.
- Visitantes: solo pueden leer publicaciones en áreas públicas del foro, sin permisos para interactuar activamente.

 Actividades

9. ¿Cuáles son los factores clave a considerar al determinar las necesidades de comunicación y colaboración de una organización antes de seleccionar un *software* de foros?

Continúa en página siguiente >>

<< Viene de página anterior

10. Al comparar distintas soluciones de *software* de foros, ¿qué características son esenciales para asegurar la escalabilidad y la facilidad de uso en un entorno de rápido crecimiento?

11. ¿Cómo influye la estructura organizativa de un *software* de foros (como categorías y subforos) en la eficacia de la comunicación y la colaboración dentro de una comunidad?

12. ¿Qué aspectos de la infraestructura de TI de una organización deben evaluarse para asegurar una instalación compatible y eficiente del *software* de foros?

13. Durante la instalación de un *software* de foros, ¿qué prácticas de seguridad son esenciales para proteger la información y asegurar una integración segura con el sistema de mensajería electrónica existente?

14. ¿Cómo puede una organización personalizar la interfaz y experiencia de usuario de un foro para reflejar su identidad visual y mejorar la accesibilidad y navegabilidad para los usuarios?

15. ¿De qué manera se pueden integrar los foros y el sistema de mensajería electrónica para facilitar una comunicación más eficiente y fluida entre los usuarios?

---

5. Chat

Para implementar adecuadamente un sistema de chat, es fundamental considerar varios aspectos clave que aseguren que la solución elegida se alinee con las necesidades y objetivos de la organización.

 **Definición**

Chat
Es una aplicación o plataforma de comunicación en línea que permite a los usuarios intercambiar mensajes de texto en tiempo real. Tradicionalmente, estos sistemas soportan conversaciones bidireccionales entre dos personas (chat privado) o grupos de usuarios (chat grupal), facilitando una interacción instantánea y dinámica. Además del texto, muchos sistemas de chat modernos admiten el envío de archivos, enlaces, imágenes, vídeos y, a menudo, integran funcionalidades como videollamadas, llamadas de voz y *emojis* o *stickers* para enriquecer la comunicación. Los chats se utilizan en una variedad de contextos, desde

Continúa en página siguiente >>

<< Viene de página anterior

la comunicación personal y social hasta aplicaciones profesionales y corporativas, ofreciendo una plataforma eficiente para la colaboración, el soporte al cliente y la construcción de comunidades en línea.

5.1. Aspectos clave a la hora de elegir un chat

A continuación, se detallan esos aspectos clave:

- **Selección del *software* de chat:**

    - Identificación de requerimientos:

        - Evaluar las necesidades específicas de la organización o del equipo, considerando:

            - Volumen esperado de comunicaciones.
            - Necesidades de integración con otras plataformas.
            - Requisitos de seguridad y cumplimiento normativo.

    - Comparativa de opciones:

        - Investigar y comparar diferentes soluciones de chat, teniendo en cuenta:

            - Características clave (mensajes en tiempo real, transferencia de archivos, videollamadas).
            - Escalabilidad y fiabilidad.
            - Soporte y actualizaciones del proveedor.

    - Pruebas y validación:

        - Realizar pruebas con versiones demo o piloto del *software* seleccionado para asegurar su compatibilidad y eficacia.

■ **Instalación del *software* de chat:**

　■ Preparación del entorno:

　　■ Configurar el servidor que alojará la aplicación, asegurándose de que cumpla con los requisitos técnicos del *software* de chat.

　■ Proceso de instalación:

　　■ Seguir las instrucciones del fabricante para instalar el software, prestando especial atención a las configuraciones de seguridad.

　■ Verificación y pruebas:

　　■ Comprobar que la instalación ha sido exitosa y realizar pruebas para garantizar que el sistema de chat funciona correctamente.

■ **Configuración y personalización:**

　■ Configuración inicial:

　　■ Ajustar los parámetros del *software* para adaptarse a las políticas de la organización, como horarios de disponibilidad, almacenamiento de mensajes y políticas de privacidad.

　■ Personalización:

　　■ Modificar la interfaz de usuario y las características del chat para alinearlas con la identidad corporativa y mejorar la experiencia del usuario.

　■ Integración:

　　■ Establecer conexiones con otros sistemas de mensajería o herramientas empresariales para un flujo de trabajo integrado y eficiente.

- **Implementación práctica.** Para poner en práctica lo anterior, se considera un escenario donde una empresa necesita implementar un sistema de chat interno para mejorar la comunicación:

  - **Fase de planificación:** determinar los principales objetivos del chat, como facilitar la comunicación instantánea, compartir archivos rápidamente o realizar reuniones virtuales.
  - **Elección de la plataforma:** optar por una solución como *Slack, Microsoft Teams* o *Mattermost,* basándose en la evaluación de las necesidades y pruebas preliminares.
  - **Configuración detallada:** establecer canales o grupos dedicados a diferentes equipos o proyectos, configurar notificaciones adecuadas, y establecer protocolos para llamadas y videollamadas.
  - **Capacitación y lanzamiento:** proporcionar formación al equipo sobre cómo utilizar eficazmente el nuevo sistema de chat y luego oficializar su lanzamiento para la operación diaria.

5.2. Ejemplos

A continuación, se presentan ejemplos reales de sistemas de chat que las organizaciones podrían considerar al implementar o mejorar su infraestructura de comunicaciones.

Slack

Slack permite la creación de canales para equipos o proyectos, chats privados, y ofrece funcionalidades para compartir archivos y colaborar en tiempo real.

Las empresas lo utilizan para la comunicación interna, la gestión de proyectos, y la integración con herramientas de trabajo como *Google Drive, Trello* y *GitHub,* facilitando un entorno colaborativo eficiente.

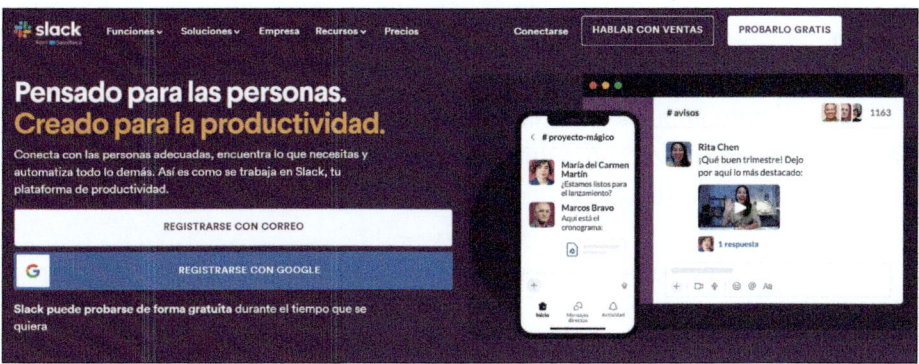

Slack es ampliamente reconocido en el ámbito corporativo por su interfaz intuitiva y su capacidad para integrar múltiples servicios.

Microsoft Teams

Parte del ecosistema de *Microsoft 365, Teams* proporciona chat, videollamadas, y colaboración en documentos, integrándose perfectamente con aplicaciones como *Office, OneDrive* y *SharePoint.*

Es ideal para organizaciones que ya utilizan productos de *Microsoft,* ofreciendo un espacio unificado para la colaboración y la comunicación, incluyendo funcionalidades avanzadas de reuniones en línea y trabajo colaborativo.

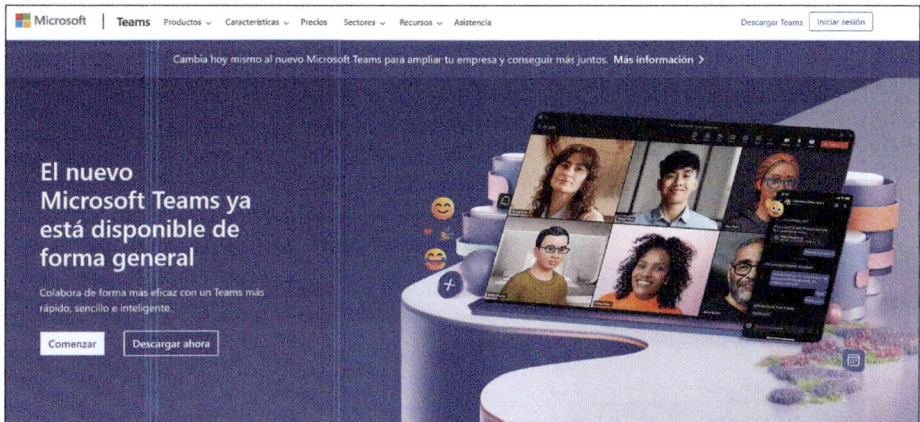

Microsoft Teams integra funciones de chat, reuniones y colaboración en documentos dentro de un único entorno, conectando equipos con eficacia.

Discord

Originalmente popular entre las comunidades de juegos, *Discord* se ha expandido para ser utilizado por una variedad de grupos y organizaciones, ofreciendo canales de texto, voz y vídeo, además de compartir archivos.

Utilizado por comunidades en línea, equipos de desarrollo de *software* y grupos educativos para organizar discusiones, trabajar en proyectos conjuntos o simplemente para mantenerse en contacto.

Discord se adapta desde el entretenimiento hasta contextos profesionales, proporcionando canales para comunicación textual y vocal en grupos variados.

6. Listas de correo

A continuación, se detallan los aspectos clave relacionados con las listas de correo, particularmente en el contexto de su selección, instalación y configuración.

 Definición

Listas de correo
Son una herramienta de comunicación electrónica utilizada para distribuir información a un grupo amplio de personas a través del correo electrónico. Funcionan bajo un modelo de

Continúa en página siguiente >>

<< Viene de página anterior

suscripción, donde los usuarios pueden apuntarse para recibir actualizaciones, noticias, discusiones o cualquier otro tipo de contenido relevante enviado como mensajes de correo electrónico.

6.1. Selección de *software* para listas de correo

Al seleccionar un *software* de lista de correo, es fundamental considerar:

- **Facilidad de uso:** seleccionar *software* que sea intuitivo tanto para los administradores como para los suscriptores, facilitando la gestión de suscripciones y la distribución de mensajes.
- **Personalización:** capacidad para personalizar los correos, gestionar múltiples listas y segmentar usuarios según necesidades específicas.
- **Automatización:** herramientas que permitan automatizar suscripciones, bajas y respuestas, optimizando la gestión de la lista.
- **Integración:** posibilidad de integrarse con otras herramientas o sistemas existentes para una gestión de comunicaciones unificada.

6.2. Instalación del *software* de listas de correo

Dependiendo de si el *software* es para instalación local o es un servicio basado en la nube, el proceso varía:

- **En servidores propios:** requiere descargar e instalar el *software* en el servidor, configurar el sistema de correo electrónico y asegurar la compatibilidad con el entorno IT existente.
- **Servicio basado en la nube:** implica configurar una cuenta con un proveedor de servicios, donde la instalación y el mantenimiento del *software* son gestionados por el proveedor.

6.3. Configuración de la lista de correo

La configuración efectiva es fundamental para operar una lista de correo eficiente:

- **Suscripción y baja:** configurar procesos claros y sencillos para que los usuarios se suscriban o cancelen sus suscripciones, respetando siempre las preferencias de privacidad y las normativas de protección de datos.
- **Políticas de privacidad:** establecer y comunicar claramente las políticas de privacidad, asegurando que los datos de los usuarios se manejen de forma segura y conforme a la legislación aplicable.
- **Moderación y filtrado:** decidir si los mensajes serán moderados antes de su distribución y configurar filtros para evitar el *spam* o contenido inapropiado.

 Ejemplo

Como ejemplo práctico se presenta un escenario donde una asociación busca mantener informados a sus miembros sobre eventos, actualizaciones y noticias relevantes a través de una lista de correo. A continuación, se detalla un ejemplo práctico sobre cómo podrían seleccionar, instalar y configurar su *software* de lista de correo:

Selección de *software* para listas de correo:

I Facilidad de uso: eligen un *software* conocido por su interfaz intuitiva, como *Mailchimp,* porque permite una gestión sencilla de suscriptores y facilita el diseño y envío de boletines informativos sin necesitar habilidades técnicas avanzadas.

I Personalización: optan por un servicio que ofrece amplias opciones de personalización de correos, permitiéndoles ajustar las plantillas a la imagen de su asociación y segmentar las listas para enviar comunicaciones específicas según el interés de los suscriptores.

I Automatización: seleccionan una plataforma que automatiza el proceso de suscripción y cancelación de suscripción, y permite programar el envío de correos, maximizando la eficiencia y asegurando la regularidad en la comunicación.

I Integración: escogen un *software* que pueda integrarse fácilmente con su base de datos existente y otras herramientas de gestión, facilitando una sincronización automática de los datos de los miembros.

Continúa en página siguiente >>

<< Viene de página anterior

Instalación del *software* de listas de correo:

I En servidores propios: deciden no instalar *software* en su propio servidor debido a la falta de recursos técnicos; en su lugar, prefieren una solución basada en la nube.
I Servicio basado en la nube: configuran una cuenta en *Mailchimp,* siguiendo un proceso simple de registro en línea.
I La configuración inicial implica la verificación de su dominio de correo electrónico para asegurar la autenticidad y mejorar la entregabilidad de sus mensajes.

Configuración de la lista de correo:

I Suscripción y baja: implementan un formulario de suscripción en su sitio web que los visitantes pueden completar para unirse a la lista de correo. El formulario está configurado para enviar un correo de confirmación automáticamente, asegurando que solo los interesados y propietarios legítimos de las direcciones de correo se suscriban. Incluyen también un enlace de baja en cada correo enviado, permitiendo a los suscriptores cancelar la suscripción fácilmente y cumpliendo con las normativas de protección de datos.
I Políticas de privacidad: redactan y publican una clara política de privacidad, accesible desde su sitio web y el formulario de suscripción, detallando cómo se manejarán y protegerán los datos de los suscriptores.
I Moderación y filtrado: configuran filtros para revisar los nuevos registros y evitar el *spam*. Deciden moderar manualmente los mensajes enviados a la lista para mantener la calidad y relevancia del contenido, designando a una persona del equipo para que revise y apruebe cada mensaje antes de su distribución.

---

7. Resumen

Cada uno de estos elementos es esencial para entender cómo la mensajería electrónica y sus diversas formas facilitan la comunicación y el intercambio de información en el entorno digital actual.

El **correo electrónico** es un componente esencial en la era de la comunicación digital, actuando como un nexo entre usuarios mediante el intercambio de mensajes digitales. Sus características clave incluyen:

■ La funcionalidad principal es proporcionar un servicio de mensajería digital para enviar y recibir mensajes.

- Componentes como el encabezado, que contiene información del remitente, destinatario, fecha y asunto; el cuerpo del mensaje; y la capacidad de adjuntar archivos.
- La operación se realiza a través de servidores que gestionan el almacenamiento y envío de correos, y clientes de correo que facilitan la interacción del usuario.
- El uso de protocolos específicos, como SMTP para el envío e IMAP o POP3 para la recepción.
- La importancia de la seguridad para proteger contra amenazas como *spam* y virus, implementando filtros y protocolos de seguridad como SPF y DKIM.

En cuanto a los **servidores de correo electrónico** son pilares fundamentales en el envío y recepción de correos, garantizando la eficiencia y seguridad en la comunicación digital. Se caracterizan por:

- Su función es enviar, recibir y almacenar correos utilizando protocolos como SMTP, IMAP y POP3.
- Características como capacidad de almacenamiento, medidas de seguridad, compatibilidad con diversos clientes de correo y flexibilidad para adaptarse a distintas necesidades.

Los **foros en línea,** por otro lado, son espacios virtuales diseñados para el intercambio de ideas y discusiones asincrónicas dentro de comunidades. Sus principales características son:

- Su propósito es servir como plataformas para discusiones asincrónicas organizadas por temas.
- Una estructura de categorías y subforos que facilita la organización y búsqueda de información.
- Gestión y moderación para mantener el orden y la capacidad de personalización según las necesidades de la comunidad.

El **chat,** representando una forma de comunicación más dinámica y en tiempo real, se adapta a contextos sociales y profesionales. Destaca por:

- Su dinámica de comunicación en tiempo real, con soporte para texto, archivos multimedia y, en ocasiones, videollamadas o voz.
- La utilidad en diversos contextos para interacciones rápidas.

La mensajería electrónica instantánea, combinando inmediatez y versatilidad, facilita un intercambio rápido y diverso de información en varios formatos. Sus rasgos distintivos incluyen:

- La capacidad de intercambio instantáneo de mensajes y soporte para diversos formatos de medios.
- Funcionalidades adicionales como la creación de grupos y la realización de llamadas.

Finalmente, las **listas de correo** ofrecen un método organizado para distribuir información a un conjunto de suscriptores, esenciales en la comunicación dirigida y la gestión de comunidades. Sus características incluyen:

- El concepto de distribuir información a través del correo electrónico a un grupo de suscriptores.
- Herramientas de gestión para automatizar suscripciones y facilitar la personalización y distribución del contenido.

Ejercicios de repaso y autoevaluación

1. Enumere los dos componentes principales de un correo electrónico.

_____
_____
_____
_____

2. Mencione al menos dos campos que se encuentran en el encabezado de un correo electrónico.

_____
_____
_____
_____

3. ¿Cuál es el propósito principal del cuerpo en un correo electrónico?

_____
_____

4. ¿Cuál es la característica principal del protocolo POP3 en la gestión de correos electrónicos?

   a. Permite ver y gestionar correos directamente en el servidor.
   b. Descarga correos electrónicos al dispositivo local y generalmente los elimina del servidor.
   c. Sincroniza correos electrónicos entre varios dispositivos.
   d. Ofrece funcionalidades avanzadas como mayor seguridad y sincronización especializada.

5. ¿Qué tipo de formato permite estilos, enlaces, imágenes incorporadas y otros elementos multimedia en un correo electrónico?

_____
_____

6. Enumere dos tipos de archivos que comúnmente se envían como adjuntos en un correo electrónico.

_____

_____

7. Describa una diferencia clave entre los protocolos IMAP y POP.

_____

_____

8. Nombre dos estrategias de seguridad implementadas en el correo electrónico para proteger contra *spam* y *phishing*.

_____

_____

_____

_____

9. ¿Qué ventaja ofrece el protocolo IMAP sobre POP?

   a. Los correos electrónicos se descargan y se almacenan exclusivamente en un dispositivo local.
   b. Los correos electrónicos se eliminan del servidor una vez descargados.
   c. Permite acceder y sincronizar correos electrónicos entre varios dispositivos.
   d. Es un protocolo propietario con funcionalidades de seguridad mejoradas.

10. Enumere dos aspectos fundamentales que deben configurarse en un cliente de correo electrónico.

_____

_____

_____

_____

11. Mencione la finalidad del campo BCC en un correo electrónico.

12. ¿Qué diferencia hay entre SMTP y POP/IMAP en términos de su función en el correo electrónico?

13. Mencione un tipo de amenaza común en el correo electrónico.

14. Enumere dos prácticas recomendadas para realizar una instalación segura de software de correo electrónico.

15. ¿Cuál es la función principal de un MUA (Mail User Agent) en el sistema de correo electrónico?

    a. Convierte los nombres de dominio en direcciones IP.
    b. Verifica si los correos entrantes provienen de servidores aprobados.
    c. Utiliza criptografía para verificar la autenticidad de los mensajes de correo.
    d. Permite a las personas leer, redactar, enviar y almacenar mensajes de correo electrónico.

Capítulo 2
Instalación de un sistema de correo

Contenido

1. Introducción

Este capítulo detalla la instalación de un sistema de correo, comenzando con la evaluación de los requisitos esenciales que aseguran su eficacia y seguridad. Los requisitos funcionales abarcan todas las funcionalidades básicas esperadas del sistema, incluyendo el envío y recepción de correos. Los operativos se centran en la ejecución del sistema, contemplando su escalabilidad y disponibilidad, mientras que los de seguridad son imprescindibles para la protección de datos y la infraestructura contra amenazas externas.

Antes de la implementación, es vital considerar las regulaciones legales que afectan al manejo del correo electrónico, como la privacidad de los usuarios y la retención de datos, ajustándose a las normativas específicas de cada región. La selección adecuada de *hardware* y *software* influye directamente en el rendimiento y la seguridad del sistema. Por ello, la elección de servidores, almacenamiento y aplicaciones de correo debe orientarse hacia opciones que promuevan una alta eficiencia y robustez.

La instalación del sistema operativo del servidor se realiza bajo un enfoque de instalación mínima, instalando únicamente los componentes esenciales para reducir la superficie de ataque y optimizar los recursos. Seguidamente, se procede con el bastionamiento del servidor, fortaleciendo su seguridad.

El núcleo del sistema de correo es el servidor SMTP (MTA), configurado para actuar tanto como servidor de intercambio de correo (MX) como agente de transferencia de mensajes. Durante esta fase, se establecen los protocolos y puertos de acceso, se configura la autenticación de usuarios y se implementan medidas *antispam* y antivirus para salvaguardar la integridad de los correos.

La configuración no termina ahí; se extiende a la instalación de servidores POP/IMAP, que facilitan la recepción de correos, y al servidor Web, necesario para el acceso a través de *webmail*. Cada servidor se configura meticulosamente, estableciendo parámetros de configuración, protocolos y procesos de autenticación. Además, se detallan los procedimientos de arranque y parada y la gestión de registros, elementos clave para un mantenimiento y monitoreo eficaces del sistema.

2. Diseño del sistema correo

El diseño de un sistema de correo se fundamenta en la evaluación exhaustiva de varios aspectos críticos:

- **Requisitos funcionales, operativos y de seguridad.** Los requisitos del sistema de correo abarcan tres áreas principales: funcionales, operativos y de seguridad.
- **Conformidad con la normativa legal.** El diseño debe cumplir con las leyes y regulaciones aplicables al manejo de la correspondencia electrónica.
- **Selección de *hardware* y *software*:**

  - *Hardware:* la selección debe enfocarse en adquirir equipos que ofrezcan la flexibilidad para escalar o actualizar conforme a las necesidades futuras.
  - *Software:* la elección del *software* involucra seleccionar el sistema operativo más adecuado y las aplicaciones de correo que mejor se alineen con los requisitos.

2.1. Requisitos funcionales, operativos y de seguridad

Los requisitos funcionales del sistema de correo incluyen la capacidad de enviar y recibir mensajes de manera eficiente, gestionar contactos y calendarios, y filtrar y buscar mensajes de forma efectiva.

Por su parte, los requisitos operativos aseguran la eficiencia, confiabilidad y escalabilidad del sistema, con enfoque en la escalabilidad, alta disponibilidad y recuperación ante incidentes.

En cuanto a los requisitos de seguridad, se enfocan en proteger la integridad, confidencialidad y disponibilidad de los datos mediante la encriptación, autenticación y autorización, y protección contra amenazas.

Los requisitos mínimos de *hardware* para instalar *Windows Server 2022* en el sistema operativo *Windows* son los siguientes:

Componente	Requisitos
Procesador	Se requiere un procesador de 64 bits con al menos 1,4 GHz de velocidad.
Memoria RAM	Se recomienda al menos 4 Gb de memoria RAM, aunque se puede instalar con un mínimo de 2 Gb. Para la opción de instalación *Server Core,* el mínimo es de 512 MB.
Almacenamiento	Se requieren al menos 32 Gb de espacio libre en disco duro.
Adaptadores de red	Se necesita un adaptador *Ethernet* que pueda alcanzar un rendimiento de al menos 1 Gb/s.

Los requisitos mínimos de los componentes para instalar *Postfix 3.8.5* en un sistema *Linux* son los siguientes:

Componente	Requisitos
Sistema operativo	Debes contar con una distribución de Linux instalada. Ubuntu 20.04 es una opción común para muchos usuarios.
Acceso a la terminal	Se requiere acceso a la terminal y privilegios suficientes (como un usuario no *root* con privilegios sudo) para instalar paquetes.
Dirección IP	Tu servidor debe tener una dirección IP pública estática.
Nombre de dominio	También es necesario un nombre de dominio. Para el servidor de correo, se suele utilizar un subdominio de 3er nivel.
Paquetes necesarios	Se deben instalar los paquetes necesarios. *Postfix* es el servidor de correo en sí mismo y *Mailx* es el entorno para manejar el correo electrónico.

En cuanto a los requisitos mínimos de CPU, almacenamiento y memoria RAM, aunque no están especificados oficialmente para *Postfix 3.8.5,* según los requisitos generales para la mayoría de las aplicaciones de *software* en *Linux,* se recomienda lo siguiente:

Componente	Requisitos
CPU	Un procesador con al menos 1 GHz de velocidad.
Memoria RAM	Al menos 1 Gb de RAM para funcionar correctamente. Sin embargo, se recomienda tener 4 Gb de RAM para un mejor rendimiento.
Almacenamiento	Se recomienda tener al menos 20 Gb disponibles en el disco duro.

 Aplicación práctica

Está trabajando como administrador de sistemas en una empresa de tecnología, y le han asignado la tarea de preparar una serie de máquinas para la instalación de dos sistemas operativos clave: *Windows Server 2022* y *Postfix 3.8.5* en *Linux.*

Su tarea consiste en evaluar las especificaciones de *hardware* de varios equipos y determinar si son adecuados para instalar *Windows Server 2022* o *Postfix 3.8.5.* A partir de las especificaciones de diferentes configuraciones de *hardware,* deberá considerar si son aptos o no aptos para ambos o alguno de los dos sistemas, justificando el motivo.

1. Especificaciones de *hardware:*

   CPU: Intel Core i3, 1.6 GHz.
   RAM: 8 Gb.
   Almacenamiento: 500 Gb HDD.
   Adaptador de red: Ethernet 1 Gbps.

2. Especificaciones de *hardware:*

   CPU: AMD Ryzen 5, 3.5 GHz.
   RAM: 16 Gb.
   Almacenamiento: 250 Gb SSD.
   Adaptador de red: Ethernet 10 Gbps.

3. Especificaciones de *hardware:*

   CPU: Intel Pentium, 900 MHz.
   RAM: 512 MB.
   Almacenamiento: 40 Gb HDD.
   Adaptador de red: Ethernet 100 Mbps.

Continúa en página siguiente >>

<< Viene de página anterior

4. Especificaciones de *hardware:*

> CPU: Intel Xeon, 2.3 GHz.
> RAM: 4 Gb.
> Almacenamiento: 100 Gb SSD.
> Adaptador de Red: Ethernet 1 Gbps.

5. Especificaciones de *hardware:*

> CPU: AMD A6, 2 GHz.
> RAM: 2 Gb.
> Almacenamiento: 500 Gb HDD.
> Adaptador de red: Ethernet 100 Mbps.

SOLUCIÓN

1. Apto para ambos sistemas: las especificaciones cumplen y superan los requisitos mínimos tanto para *Windows Server 2022* como para *Postfix 3.8.5.*
2. Apto para ambos sistemas: aunque el almacenamiento es de 250 Gb SSD, excede ampliamente lo necesario para ambos sistemas y el procesador y RAM son más que suficientes.
3. No apto para ninguno: el procesador no alcanza el mínimo requerido para ninguno de los dos sistemas (1 GHz), la RAM es insuficiente para *Windows Server* y el adaptador de red no cumple con los requisitos de rendimiento para *Windows Server 2022.*
4. Apto para ambos sistemas: el *hardware* cumple con los requisitos para ambos sistemas operativos, con una RAM y CPU que exceden los mínimos necesarios.
5. Apto para *Postfix 3.8.5,* no para *Windows Server 2022:* aunque el adaptador de red y el procesador son adecuados para *Postfix,* la velocidad del adaptador de red no cumple con los requisitos para *Windows Server 2022.*

2.2. Normativa legal

A continuación, se describen los aspectos fundamentales que considerar sobre los estándares legales y la seguridad en la gestión de las comunicaciones electrónicas.

Cumplimiento de requisitos legales y normativos

Es imprescindible adherirse a las regulaciones y leyes pertinentes al configurar el *software* de servidor de correo electrónico, incluyendo:

- **Reglamento General de Protección de Datos (GDPR):** garantiza la protección y privacidad de los datos personales dentro de la Unión Europea.
- **Ley Orgánica de Protección de Datos Personales y garantía de los derechos digitales (LOPDGDD):** normativa que rige el procesamiento de datos personales en España.
- **Ley de Servicios de la Sociedad de la Información y de Comercio Electrónico (LSSI-CE):** dicta las responsabilidades de los proveedores de servicios de la sociedad de la información.
- **Regulaciones sectoriales específicas:** se pueden requerir normativas adicionales según el sector (público o privado).

 Sabía que...

El alcance del Reglamento General de Protección de Datos (GDPR) no se limita solo a la Unión Europea; en realidad, afecta a empresas de todo el mundo. Cualquier organización internacional que maneje datos de ciudadanos europeos debe adherirse a sus normas. Esto ha hecho que el GDPR sea un estándar de referencia global en términos de protección de datos, forzando a compañías fuera de Europa a elevar sus políticas de privacidad para cumplir con estos requisitos, incluso si sus operaciones principales no están en territorio europeo.

Consideraciones sobre selección y licenciamiento

La elección del *software* debe hacerse con una consideración cuidadosa de las licencias y los derechos de uso, asegurando que:

- Se respeten los términos de las licencias de *software,* ya sean de código abierto o comerciales.
- El *software* elegido no vulnere los derechos de propiedad intelectual.

Mantenimiento de la seguridad y privacidad

Es imperativo que la configuración del servidor cumpla con los estándares de seguridad y privacidad, lo cual implica:

- La implementación de cifrado para proteger los datos tanto en tránsito como en reposo.
- La adopción de estrategias para contrarrestar riesgos como el *spam* y el *phishing.*

Conservación de registros

Se deben mantener registros adecuados de las comunicaciones electrónicas, conforme a las exigencias legales, incluyendo los detalles de los correos electrónicos enviados y recibidos.

El mantenimiento de registros relacionados con las comunicaciones electrónicas se encuentra normado en España por la Ley 25/2007, la cual dicta las responsabilidades específicas de los operadores y proveedores de servicios de telecomunicaciones.

La Ley 25/2007 exige la conservación de metadatos como origen, destino, duración, fecha y hora de las comunicaciones, así como detalles específicos de los correos electrónicos, incluyendo la identificación de remitentes y destinatarios, y las fechas de envío y recepción. Además, la ley obliga a los operadores a proporcionar estos datos a las autoridades competentes bajo orden judicial, principalmente para apoyar la detección, investigación y procesamiento de delitos graves según lo estipulado por el Código Penal y otras legislaciones penales.

Gestión de brechas de seguridad

En caso de incidentes que comprometan la seguridad de los datos de usuario, es obligatorio realizar notificaciones acordes con la normativa vigente.

 **Nota**

Según el Reglamento General de Protección de Datos (GDPR), una incidencia de seguridad es cualquier evento que, de manera accidental o ilícita, altere, pierda o permita el acceso o la divulgación no autorizados de los datos personales que se han guardado, procesado o transmitido.

El proceso de notificación de brechas de datos bajo el GDPR se estructura en tres partes principales:

1. Requerimiento de informar. El GDPR, en su artículo 33, obliga a los encargados del tratamiento de datos a notificar a la autoridad competente sobre cualquier brecha que comprometa la privacidad o los derechos de los individuos, dentro de un plazo ideal de 72 h, tras la detección de la brecha.

2. Detalles requeridos en la notificación. El informe debe incluir:

   ■ Naturaleza de la incidencia: especificar si el incidente fue accidental o deliberado.
   ■ Fuente de la incidencia: describir cómo y quiénes están implicados en la brecha.
   ■ Datos afectados: identificar las categorías de datos personales comprometidos.
   ■ Repercusiones potenciales: evaluar los posibles efectos adversos para las personas afectadas.
   ■ Respuestas implementadas: detallar las medidas tomadas para mitigar los efectos de la brecha.

3. Documentación complementaria. Se debe adjuntar documentación que respalde la notificación, incluyendo información sobre las medidas de seguridad preexistentes y las estrategias adoptadas en respuesta al incidente.

Políticas internas y capacitación

Es esencial desarrollar políticas internas que regulen el uso correcto del *software* de mensajería y proporcionar capacitación a los usuarios sobre prácticas seguras y cumplimiento normativo.

Actividades

1. ¿Cuáles son los requisitos que establece la Ley 25/2007 de España en relación con la conservación de registros de comunicaciones electrónicas y qué información específica debe conservarse?
2. ¿Qué procedimientos deben seguirse para la notificación de brechas de seguridad bajo el GDPR y qué información específica debe incluirse en el informe de notificación?
3. ¿Cómo afecta el Reglamento General de Protección de Datos (GDPR) a las empresas fuera de la Unión Europea con respecto a la gestión de datos de ciudadanos europeos?
4. ¿Qué medidas específicas deben adoptarse para asegurar que el *software* de servidor de correo electrónico cumpla con las normativas de seguridad y privacidad?

Aplicación práctica

Un administrador de TI ha configurado un servidor de correo electrónico para una empresa internacional. Hasta ahora, ha seleccionado un *software* de correo con las licencias adecuadas, implementado cifrado para los datos en tránsito y en reposo, y adoptado medidas para contrarrestar el spam y el *phishing*. Además, ha establecido un sistema para mantener registros detallados de las comunicaciones conforme a la Ley 25/2007.

¿Qué paso le queda al administrador para completar el proceso de cumplimiento normativo en la configuración del servidor de correo electrónico?

Continúa en página siguiente >>

<< Viene de página anterior

SOLUCIÓN

El paso final que el administrador debe realizar es establecer un protocolo eficaz para la notificación de brechas de seguridad, conforme al GDPR. Esto incluye:

▎ Desarrollar un proceso de notificación de brechas: crear un procedimiento claro y efectivo que asegure la notificación a la autoridad competente dentro de las 72 h tras detectar cualquier brecha de seguridad. Esto debe incluir la preparación de informes que especifiquen la naturaleza del incidente, la fuente, los datos personales afectados, las posibles consecuencias para las personas implicadas y las medidas tomadas para mitigar la situación.

▎ Documentación complementaria: asegurarse de que se adjunte documentación adecuada con cada notificación que detalle las medidas de seguridad existentes y las respuestas implementadas en respuesta al incidente.

2.3. Selección *hardware* y *software*

Al elegir *hardware* y *software* para gestionar el correo electrónico, es esencial que las soluciones cumplan con los requisitos técnicos y operativos deseados.

Para el *hardware* es importante identificar necesidades específicas como el volumen de datos, cantidad de usuarios y escalabilidad, seleccionar componentes que equilibren potencia, almacenamiento y eficiencia energética, asegurar compatibilidad con el *software* y optar por soluciones que permitan futuras expansiones fácilmente.

En cuanto al *software,* debe ofrecer funcionalidades esenciales para la gestión de correo electrónico, ser seguro, actualizable, intuitivo y fácil de administrar. Además, es importante considerar el soporte del proveedor, la comunidad de usuarios, el modelo de licenciamiento y los costes, evaluando tanto opciones comerciales como de código abierto.

Ejemplo

A continuación, se presentan ejemplos de *hardware* y *software* para servidores de correo electrónico en plataformas *Windows* y *Linux*.

Windows

I *Hardware:*

- I Procesador: Intel Xeon E-2146G con 6 núcleos y 3.5 GHz.
- I Memoria RAM: 8 Gb de RAM DDR4.
- I Almacenamiento: SSD de 256 Gb para el sistema operativo y el *software* de servidor, más un HDD de 1 TB para el almacenamiento de correos.
- I Adaptador de red: Tarjeta Ethernet Intel I210 para un rendimiento de red de 1 Gbps.

I *Software:*

- I Sistema operativo: *Windows Server 2022.*
- I Servidor de correo: *hMailServer.*

Linux

I *Hardware:*

- I Procesador: AMD Ryzen 5 3600 con 6 núcleos y 3.6 GHz.
- I Memoria RAM: 4 Gb de RAM DDR4.
- I Almacenamiento: SSD de 128 Gb para el sistema operativo y el *software,* más un HDD de 500 Gb para el almacenamiento de correos.
- I Adaptador de red: Tarjeta Ethernet Realtek RTL8111 para una conexión de 1 Gbps.

I *Software:*

- I Sistema operativo: *Ubuntu 20.04 LTS.*
- I Servidor de correo: *Postfix 3.8.5.*

Aplicación práctica

Una administradora de TI está evaluando las opciones para actualizar el sistema de correo electrónico de su empresa. Se enfrenta a la tarea de seleccionar el *hardware* y *software* adecuados para optimizar el rendimiento y la seguridad del servicio.

¿Cuáles de las siguientes características corresponden al *hardware* y cuáles al *software* en la gestión de correo electrónico?

1. Capacidad de escalabilidad.
2. Intuitividad y facilidad de administración.
3. Volumen de datos y cantidad de usuarios.
4. Seguridad y posibilidad de actualización.
5. Compatibilidad con otros sistemas.

SOLUCIÓN

Hardware:

I Capacidad de escalabilidad: se refiere tanto al *hardware* como al *software,* pero en el contexto del *hardware* implica la capacidad de añadir más recursos físicos, como memoria y procesadores, para manejar un aumento en la carga de trabajo.
I Volumen de datos y cantidad de usuarios: esto es esencialmente una consideración de *hardware,* ya que implica dimensionar adecuadamente los servidores para manejar el volumen de datos generado y la cantidad de usuarios concurrentes.
I Compatibilidad con otros sistemas: aunque esto puede aplicarse a ambos, en el contexto del *hardware* se refiere a la capacidad de los componentes físicos para integrarse y funcionar correctamente con el *software* existente y otros equipos de *hardware.*

Software:

I Intuitividad y facilidad de administración: estas características se refieren a cómo el *software* está diseñado para que los usuarios lo utilicen y lo gestionen, lo cual es esencial para asegurar que el *software* sea accesible para administradores y usuarios finales.
I Seguridad y posibilidad de actualización: estas son características del *software,* ya que se refiere a cómo el *software* puede proteger contra amenazas de seguridad y cómo puede ser actualizado para adaptarse a nuevos desafíos y necesidades.
I Compatibilidad con otros sistemas: en el contexto del *software,* esto se refiere a la habilidad del *software* para operar con diferentes sistemas operativos y aplicaciones sin conflictos.

3. Instalación del operativo del servidor

La instalación y configuración óptima del sistema operativo en un servidor destinado a gestionar sistemas de correo electrónico implican dos fases: la realización de una instalación mínima del sistema operativo y un meticuloso proceso de securización o bastionamiento.

3.1. Instalación mínima

La instalación mínima de un sistema operativo en un servidor dedicado a la gestión de correo electrónico implica configurar solo los componentes esenciales para su funcionamiento, excluyendo *software* y servicios superfluos, lo que reduce la superficie de ataque y optimiza el rendimiento.

A continuación, se van a exponer los pasos para la instalación de *Ubuntu 24.04* y de *Windows Server*.

Instalación de *Ubuntu 24.04*

Ubuntu 24.04 es una opción popular para servidores de correo electrónico y una de las distribuciones de *Linux* más utilizadas para este fin:

1. Se descarga la imagen ISO de *Ubuntu 24.04* desde el sitio web oficial de *Ubuntu.*

https://redirectoronline.com/uf12730201

La imagen por seleccionar para la instalación de *Ubuntu 24.04* dependerá de las necesidades específicas y del *hardware* en cuestión. En este caso se va a producir la instalación en una máquina con arquitectura

AMD64 (la más común en PC y laptops), por lo que hay que seleccionar la imagen ubuntu-24.04-desktop-amd64.iso para una instalación de escritorio.

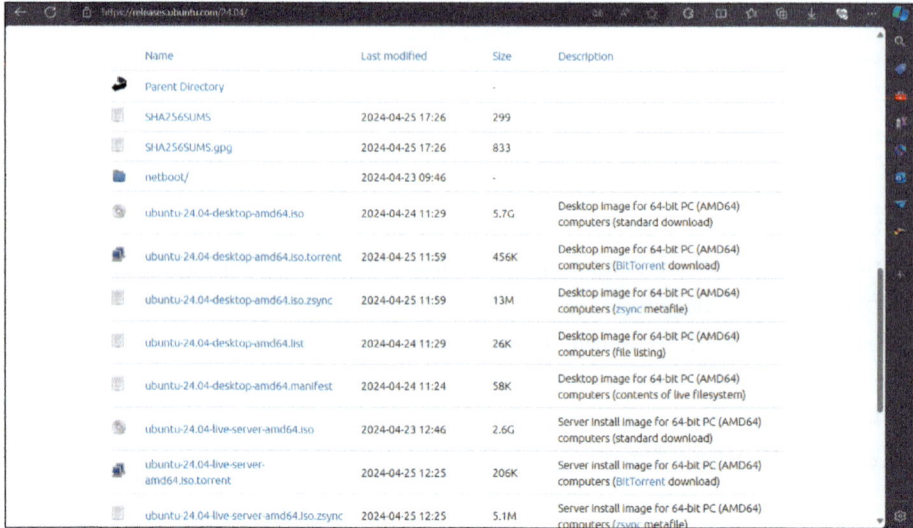

2. Se conecta un USB al ordenador.
3. Se identifica la unidad USB con el siguiente comando:

```
lsblk
```

4. Se crea la unidad USB de arranque con el comando dd. Por ejemplo, si su unidad USB es /dev/sdx y su archivo ISO está en ~/Descargas/ubuntu-24.04-desktop-amd64.iso, el comando sería:

```
sudo dd if=~/Descargas/ubuntu-24.04-desktop-amd64.iso of=/dev/sdx bs=4M; sync
```

5. Se reinicia el ordenador y se presiona F12 repetidamente para arrancar desde la unidad USB.
6. Se selecciona el tipo de instalación.

7. Se elige el esquema de particiones adecuado para la instalación de Ubuntu. Se consideran las siguientes:

■ Partición / (raíz): esta es la partición principal donde se instalará *Ubuntu.* Se recomienda asignar entre 20 y 50 Gb de espacio.

■ Partición /home: esta partición se utiliza para almacenar los archivos personales. Generalmente, se le asigna el espacio restante en el disco después de crear las demás particiones.

■ Partición *swap:* se utiliza como memoria virtual. La recomendación general es asignar una cantidad de espacio igual al doble de la memoria RAM del sistema, aunque esto puede variar según las necesidades específicas del usuario.

■ Partición */boot:* aunque no es necesaria para la mayoría de los usuarios, algunos prefieren crear una pequeña partición para */boot.*

8. Se ingresa el nombre de usuario, contraseña y preferencias de apariencia.
9. Se espera la finalización de la instalación y posteriormente se reinicia el ordenador.

 Definición

Imagen ISO
Un archivo ISO es una representación exacta de un sistema de archivos, similar a lo que se encuentra en un CD, DVD o disco duro. En este contexto, se refiere a una reproducción del sistema operativo *Linux* que se desea instalar.

Instalación de *Windows Server* en *VirtualBox*

Windows Server es una versión de *Microsoft Windows* optimizada para servidores, diferenciándose significativamente de las versiones de escritorio que son más versátiles. Se utiliza ampliamente en entornos empresariales y se puede configurar para manejar diversos servicios de red, incluida la gestión de correo electrónico. La configuración como servidor de correo se logra mediante la instalación de *software* específico, como *hMailServer,* y la utilización de clientes de correo como *Thunderbird* para la gestión de los *e-mails.*

VirtualBox es comúnmente utilizado para instalar *Windows Server* principalmente y permite la coexistencia de múltiples sistemas operativos en una misma máquina.

Para guardar la imagen ISO de *Windows Server,* hay que descargar ISO a través de este enlace:

https://redirectoronline.com/uf12730202

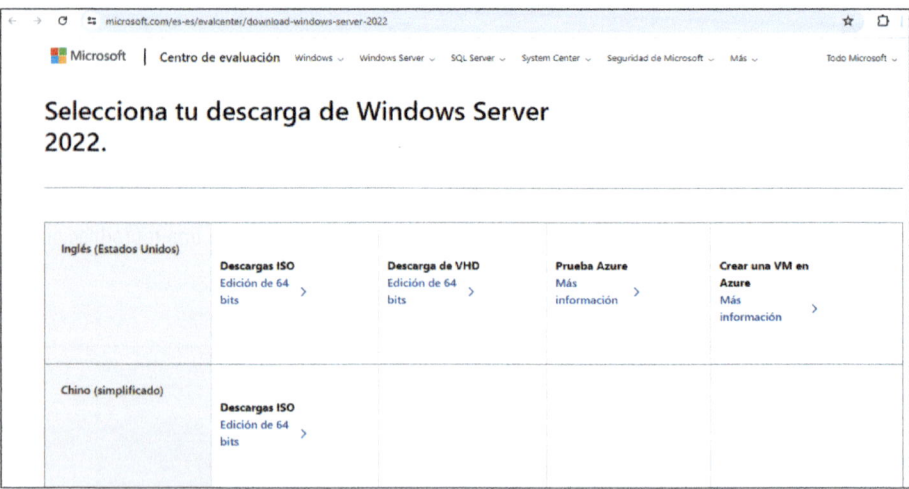

Pantalla para la descarga de ISO, donde se elige el idioma de descarga.

Para *descargar VirtualBox* hay que seguir los siguientes pasos:

1. Si *VirtualBox* aún no está instalado, se descarga desde el sitio oficial:

https://redirectoronline.com/uf12730203

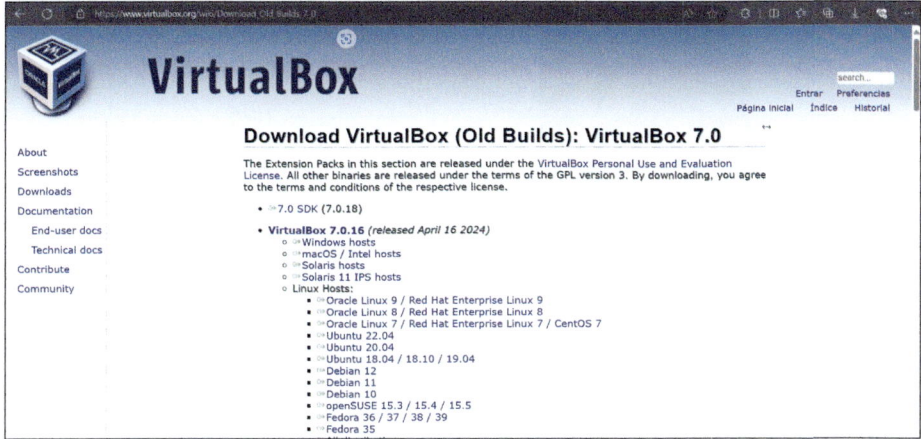

2. En la página aparece una lista de paquetes de plataforma. Hay que hacer clic en **Windows hosts** para iniciar la descarga del ejecutable.

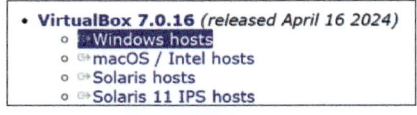

3. Una vez que la descarga esté completa, se abre el archivo y hay que seguir las instrucciones del asistente de instalación para instalar *VirtualBox* en el sistema.

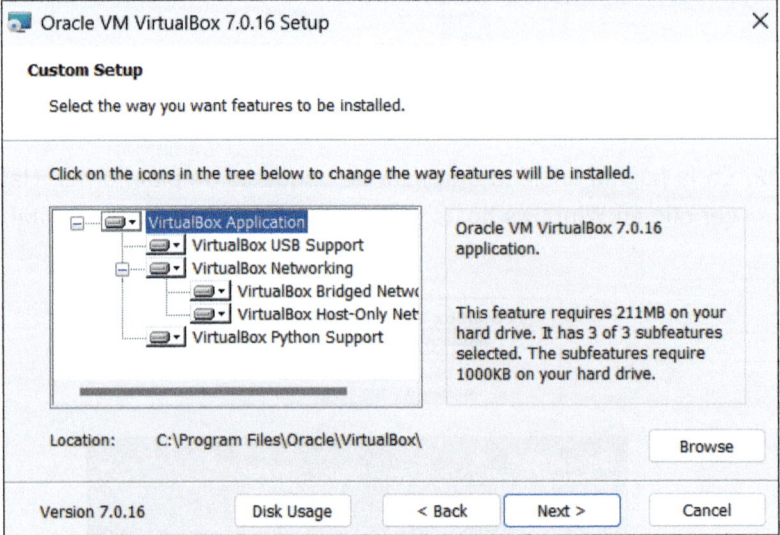

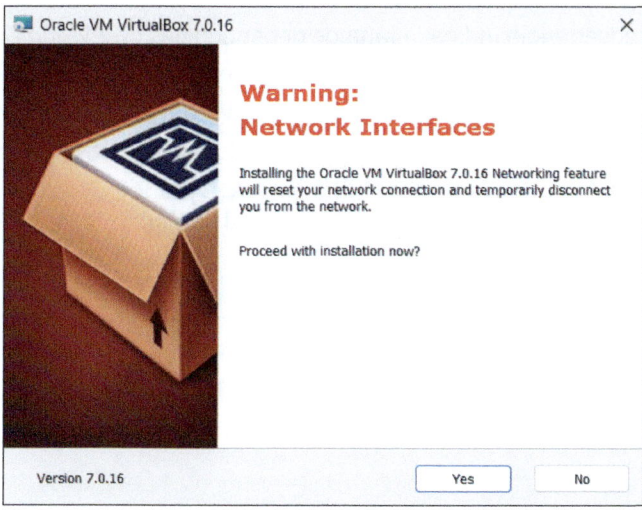

4. Dado que se va a crear y configurar una máquina virtual para instalar *Windows Server*, es importante seleccionar la opción **Yes** en la advertencia sobre la característica de red de *VirtualBox*. Esta opción es fundamental para permitir la conectividad de red en la máquina virtual.

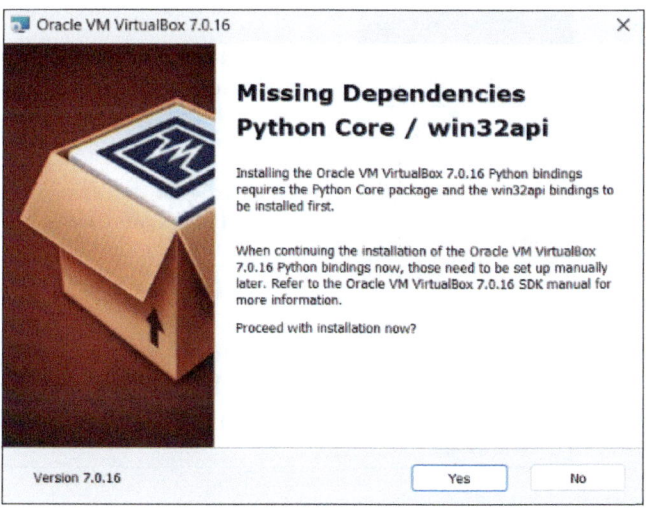

5. La advertencia indica la falta de dependencias de *Python Core* y *win32api,* que son necesarias para los *bindings* de *Python* en *VirtualBox.* Sin embargo, para crear y configurar la máquina virtual y llevar a cabo la instalación de *Windows Server,* estas dependencias no son estrictamente necesarias. Por lo tanto, hay que hacer clic en **Yes.**

6. A continuación, hay que hacer clic en **Install:**

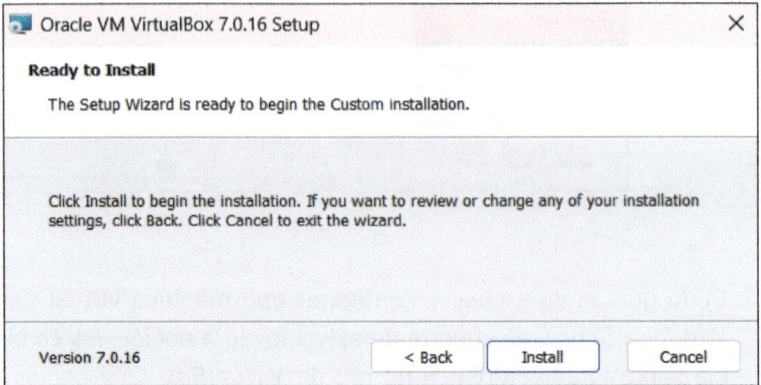

7. Crear una nueva máquina virtual:

▌ Se abre *VirtualBox* y se hace clic en **Nueva** para crear una nueva máquina virtual.

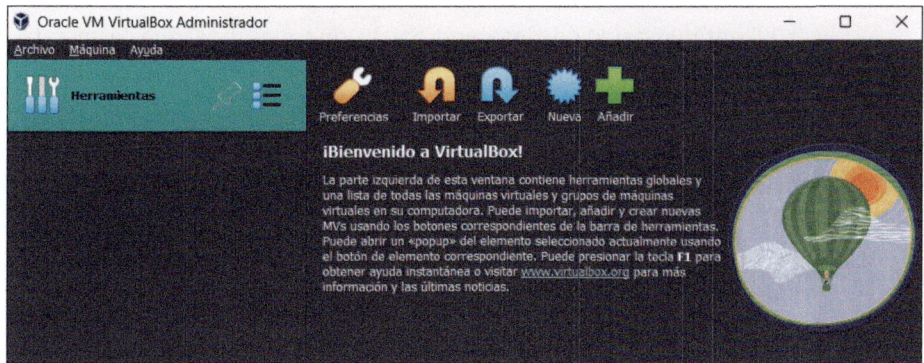

▌ Se asigna un nombre a la máquina virtual, se selecciona la ubicación del archivo ISO de *Windows Server* y se elige el sistema operativo:

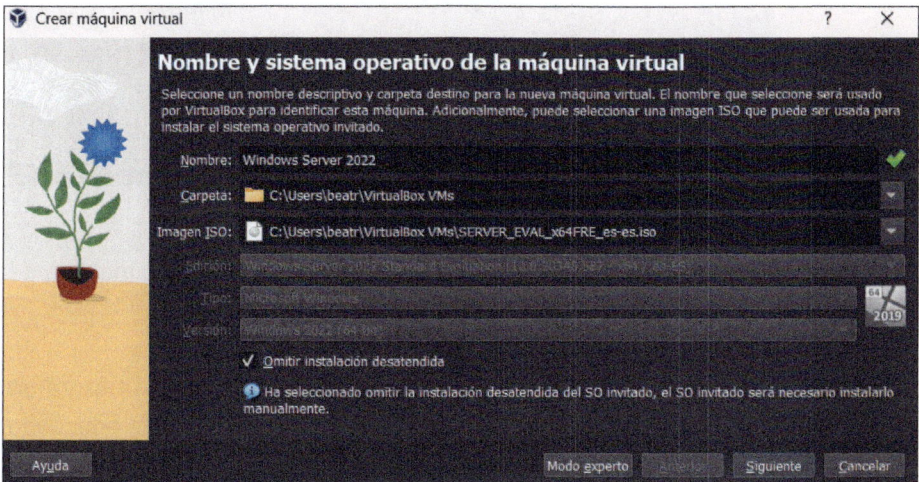

▌ Nombre de máquina: *Windows Server 2022.*
▌ Carpeta de la máquina: la ruta donde se almacenarán los archivos de la máquina virtual, en este caso en C:/Users/beatr/ VirtualBox VMs/.

     ❚ Imagen ISO: la ruta al archivo ISO que se usará para instalar el sistema operativo.

     ❚ Tipo de SO invitado: se ha especificado como *Windows 2022* (64-bit).

     ❚ Omitir instalación desatendida: lo que significa que la instalación será interactiva y se solicitará información durante el proceso.

❚ Se ajustan los criterios del *hardware:*

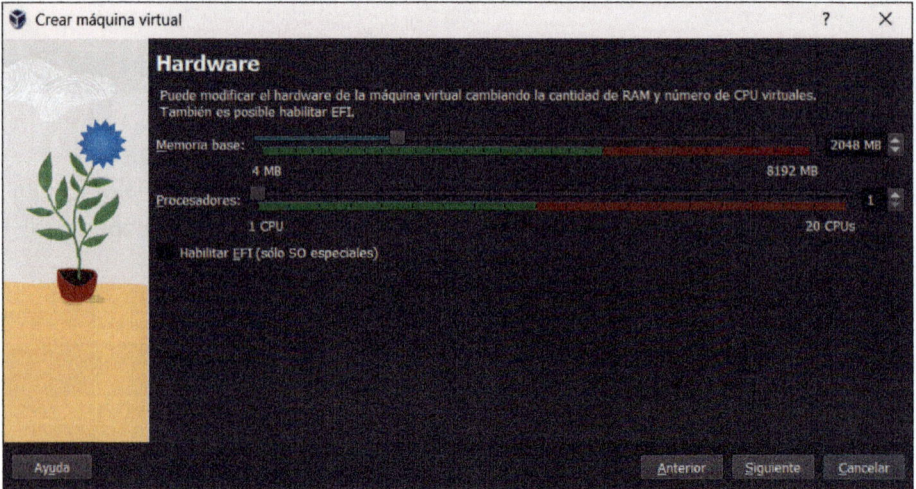

     ❚ Memoria base: 2048 MB lo cual es adecuado para la mayoría de las aplicaciones básicas en un servidor.

     ❚ Procesador(es): 1 CPU.

     ❚ Habilitar EFI: false, lo que significa que la máquina utilizará un BIOS tradicional en lugar de EFI. Esto es típicamente adecuado para la mayoría de los entornos a menos que específicamente se necesite EFI.

8. Crear un nuevo disco virtual:

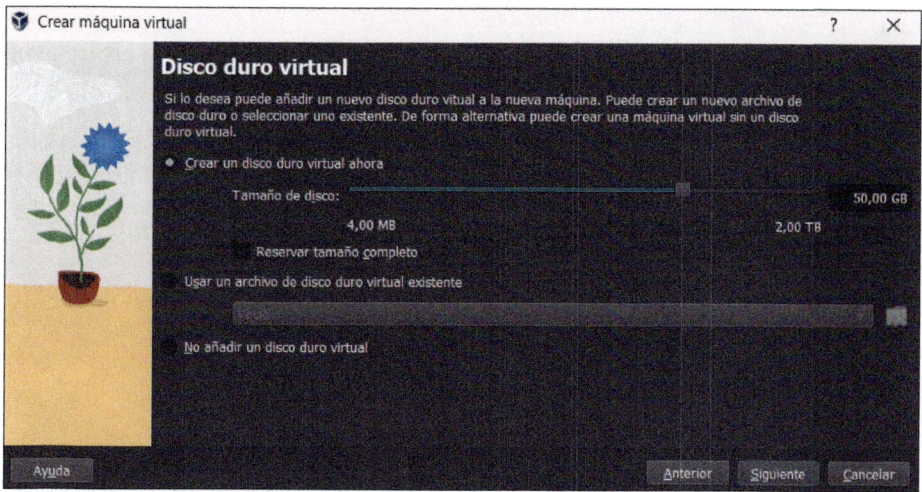

9. Revisar la configuración y terminar el proceso:

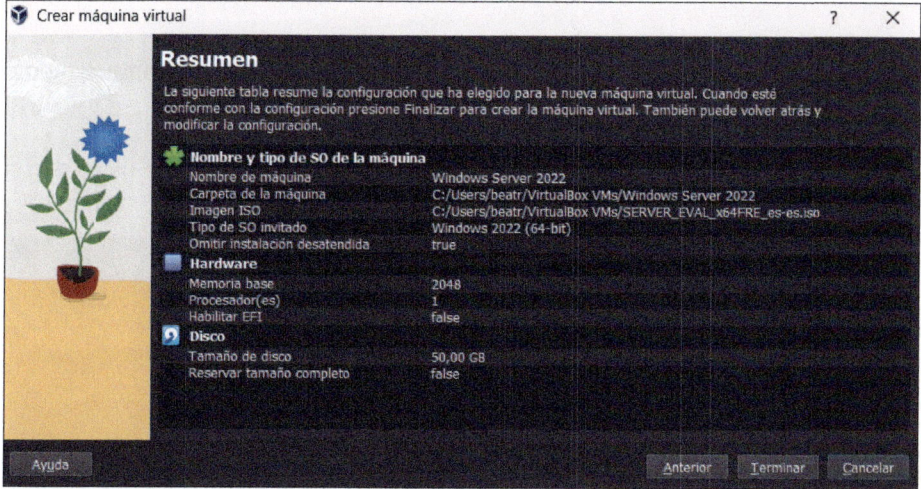

10. Antes de iniciar la máquina se deben hacer algunas comprobaciones en **Configuración:**

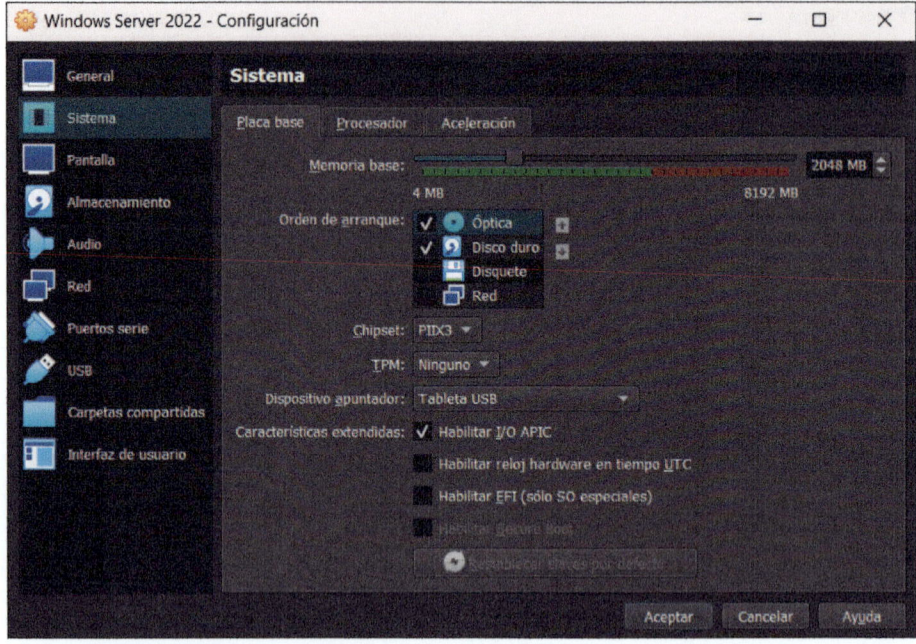

▮ En **Sistema,** hay que asegurarse de que el orden de arranque tenga primero el disco óptico y luego el disco duro.

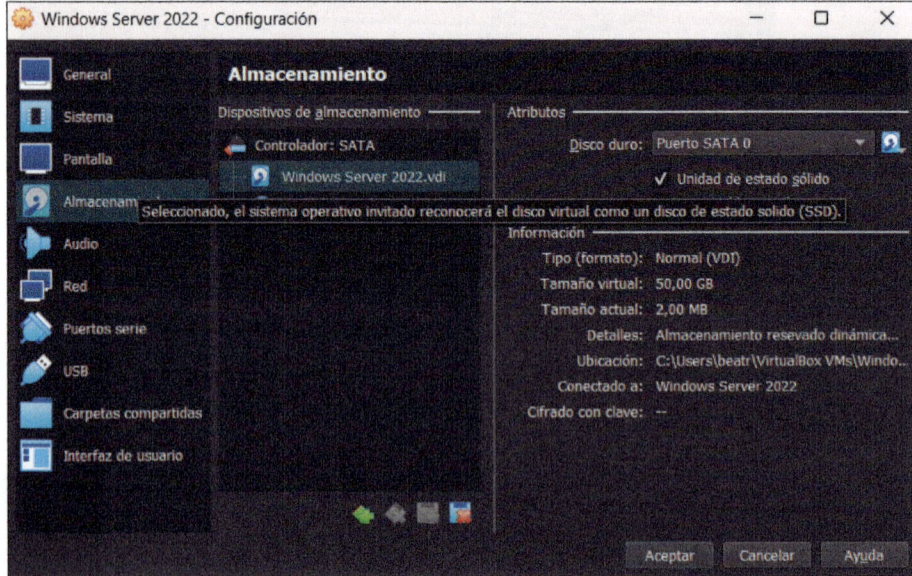

▮ En **Almacenamiento,** en el controlador SATA, se hace clic en Unidad de estado sólido.

11. Seleccionar la máquina virtual, hacer clic en **Iniciar** y seguir el proceso de instalación:

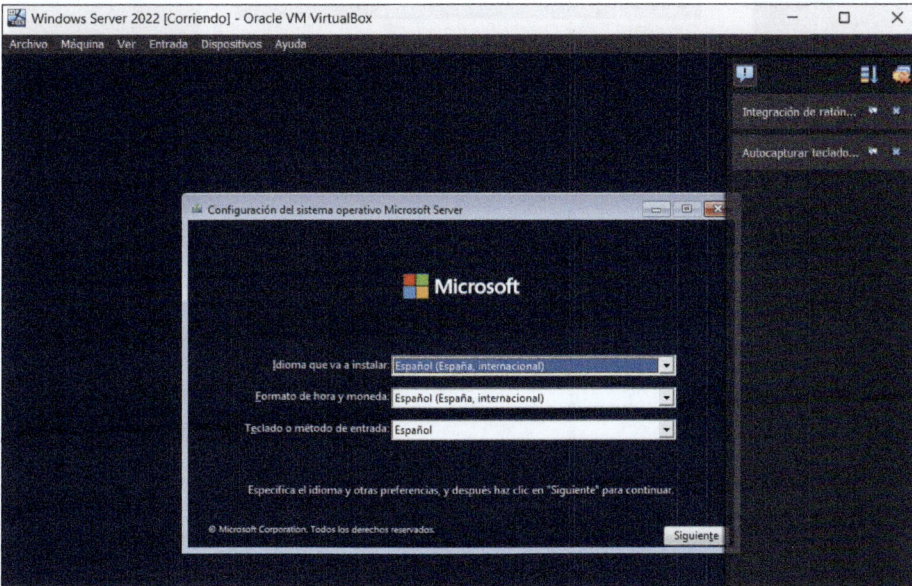

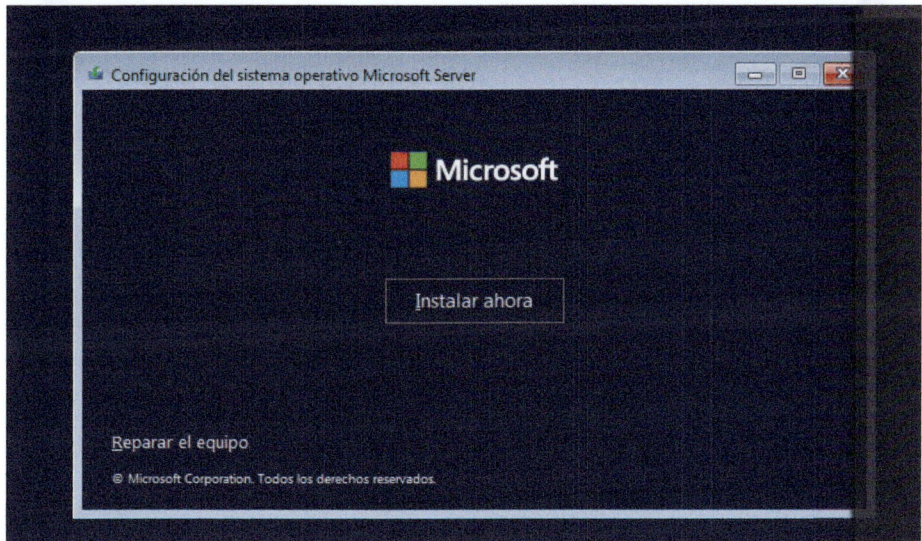

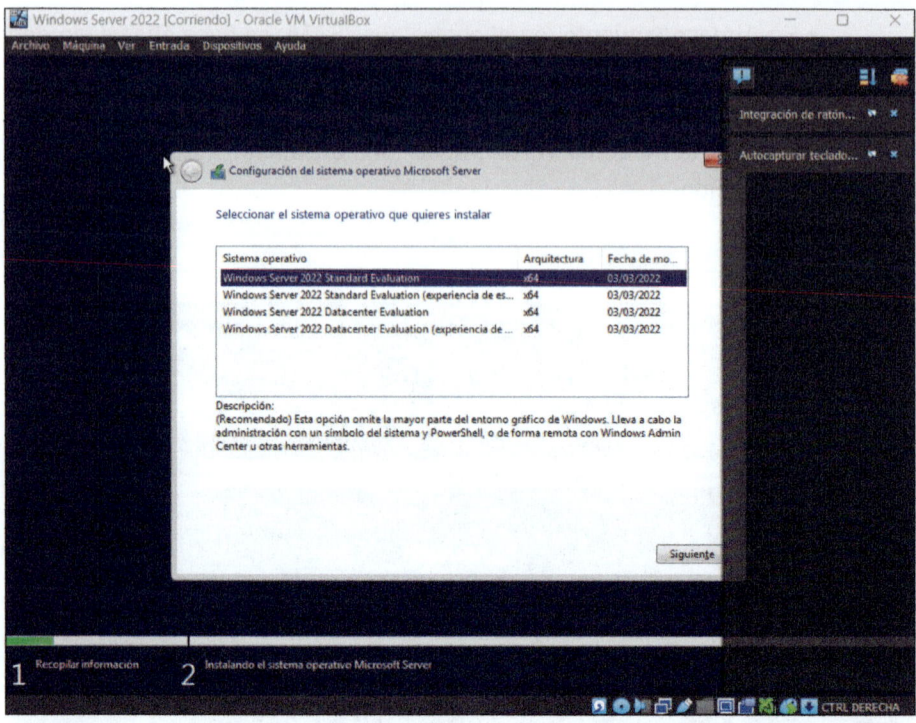

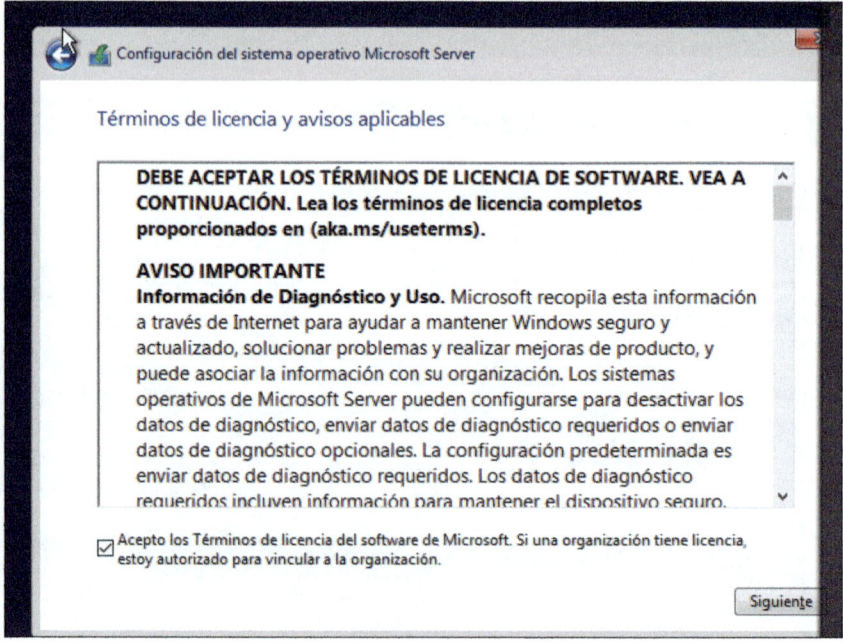

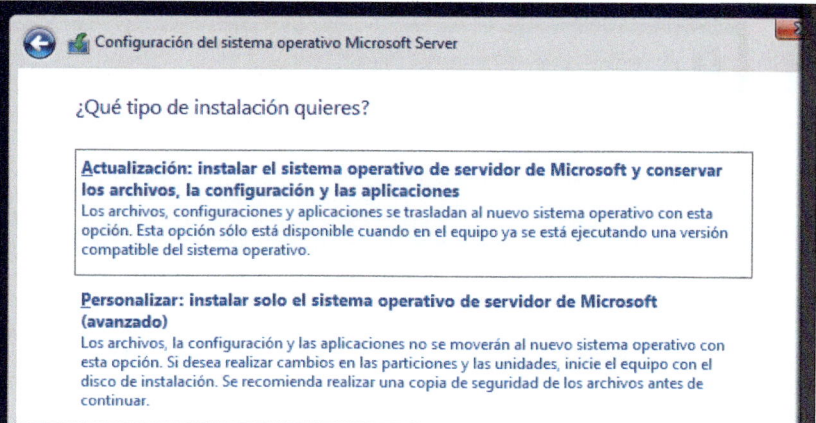

12. En este caso se ha elegido la opción de **Personalizar.**

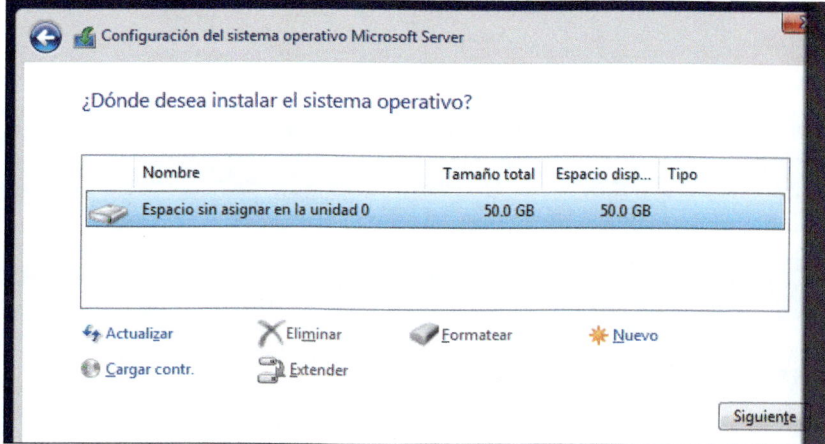

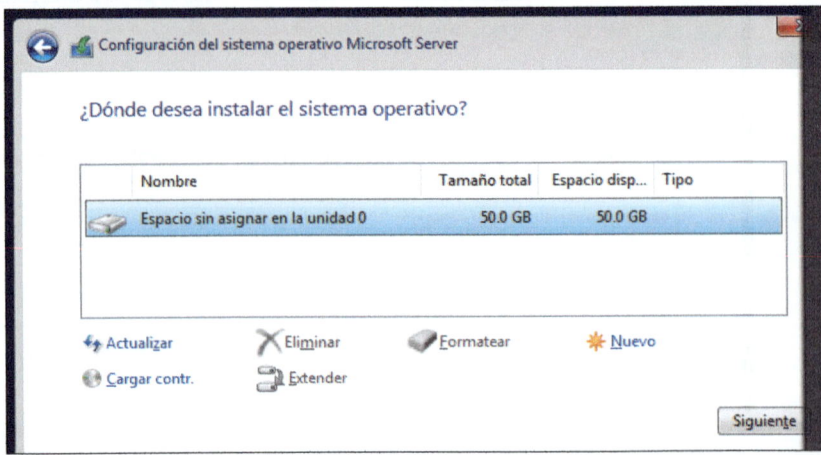

13. Una vez instalado, se inicia sesión en *Windows Server,* permitiendo explorar sus características y funcionalidades:

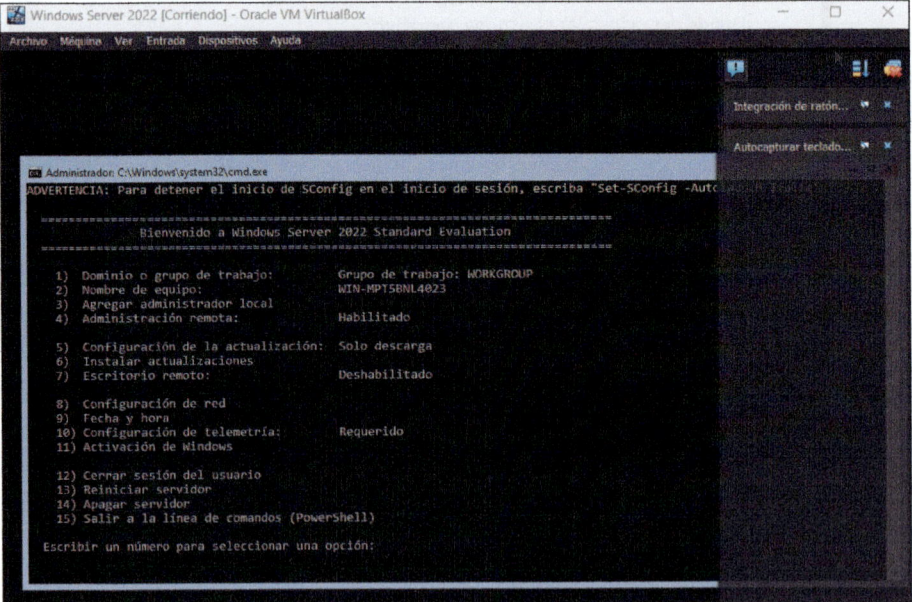

14. Se pueden ir ajustando las opciones ordenadas por número. Por ejemplo, fecha y hora.

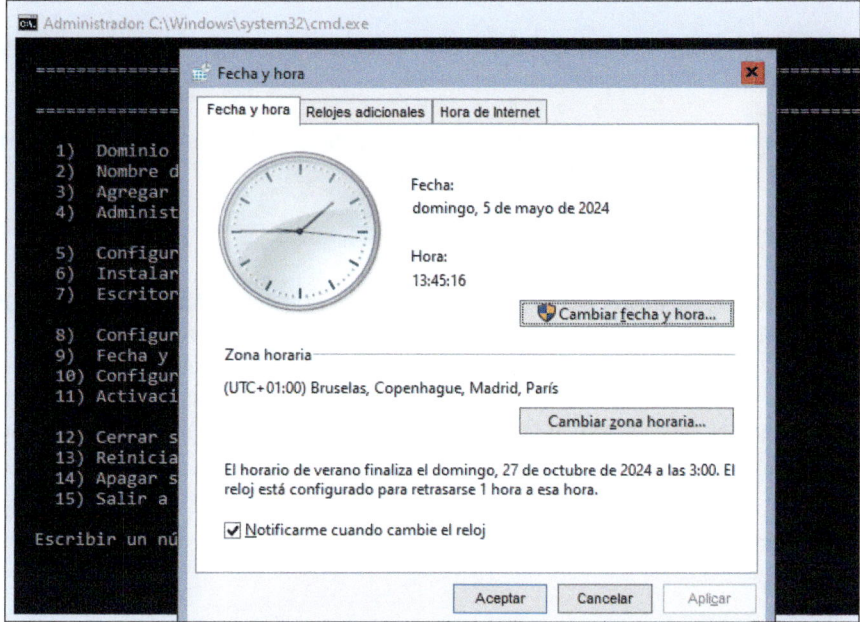

 Aplicación práctica

Un administrador de TI está configurando una máquina virtual usando *VirtualBox* para instalar *Windows Server*. Ha seguido una serie de pasos durante la instalación y configuración, pero enfrenta un problema al iniciar la máquina virtual.

Descripción de los pasos realizados por el administrador:

1. Descargó *VirtualBox* desde el sitio oficial seleccionando Windows hosts.
2. Completó la instalación siguiendo las instrucciones del asistente de instalación.
3. Aceptó la advertencia sobre la característica de red de *VirtualBox*, eligiendo la opción Yes para asegurar la conectividad de red.
4. Ignoró la advertencia sobre la falta de dependencias de *Python Core* y *win32api* al hacer clic en Yes.
5. Creó una nueva máquina virtual y un nuevo disco virtual.
6. Revisó la configuración de la máquina virtual.
7. Inició la máquina virtual y procedió con la instalación personalizada de *Windows Server*.

Continúa en página siguiente >>

<< Viene de página anterior

8. Ajustó configuraciones adicionales como la fecha y la hora una vez instalado *Windows Server*.

¿Qué paso esencial omitió el administrador durante la configuración que podría ser la causa del problema al iniciar la máquina virtual?

SOLUCIÓN

El paso faltante y clave que el administrador omitió es la configuración de la imagen de instalación (ISO) de *Windows Server* como dispositivo de arranque en la máquina virtual. Sin asignar correctamente una imagen de instalación en la configuración de la máquina virtual, el sistema no podrá cargar el sistema operativo durante el inicio. Esto es esencial para que la máquina virtual reconozca el medio desde el cual debe cargar el sistema operativo.

 Actividades

5. ¿En qué se diferencia *Windows Server* de las versiones de escritorio de *Windows?*
6. ¿Qué permite *VirtualBox* en la instalación y gestión de *Windows Server?*

3.2. Securización (bastionamiento)

La seguridad informática se sostiene sobre tres pilares clave: confidencialidad, asegurando el acceso exclusivo a datos para usuarios autorizados; integridad, manteniendo la exactitud de la información; y disponibilidad, garantizando el acceso constante a los sistemas para quienes lo necesiten.

El proceso de securización, o bastionamiento, fortalece la seguridad mediante varias estrategias críticas. Esto incluye minimizar la superficie de ataque, eliminando *software* innecesario, mantener actualizados los sistemas con parches de seguridad y fortalecer la configuración mediante *firewalls* estrictos y políticas de contraseñas robustas. Además, es vital implementar un control de acceso riguroso, sistemas de monitoreo continuo para detectar actividades sospechosas, y llevar a cabo pruebas de seguridad regulares para prevenir explotaciones. Este enfoque integral ayuda a asegurar la resiliencia del sistema y su capacidad de recuperación frente a incidentes.

 ## Actividades

7. ¿Cuáles son los tres pilares clave de la seguridad informática y cómo contribuyen cada uno a proteger los sistemas y datos de una organización?
8. ¿Qué estrategias críticas se incluyen en el proceso de bastionamiento para fortalecer la seguridad de los sistemas informáticos?

 ## Aplicación práctica

Una administradora de sistemas está revisando y actualizando las medidas de seguridad para fortalecer la infraestructura de TI de la organización de una empresa. El objetivo es asegurar que todos los aspectos del sistema estén protegidos contra amenazas potenciales y minimizar cualquier riesgo de ataque.

Los pasos que se han desarrollado son:

1. Eliminó todo *software* innecesario para reducir la superficie de ataque.
2. Actualizó todos los sistemas con los últimos parches de seguridad disponibles.
3. Configuró *firewalls* estrictos y estableció políticas de contraseñas robustas.
4. Implementó control de acceso riguroso para garantizar que solo los usuarios autorizados puedan acceder a datos sensibles.

¿Qué paso adicional debe tomar la administradora para completar el proceso de fortalecimiento de la seguridad informática de la organización?

Continúa en página siguiente >>

<< Viene de página anterior

SOLUCIÓN

El paso adicional que la administradora debe tomar es la implementación de sistemas de monitoreo continuo y la realización de pruebas de seguridad regulares. Este enfoque no solo permite detectar y responder rápidamente a actividades sospechosas, sino que también es importante para evaluar la efectividad de las medidas de seguridad existentes e identificar áreas de mejora. La realización de pruebas de penetración y auditorías de seguridad de manera periódica ayudará a prevenir explotaciones y asegurará la resiliencia del sistema frente a incidentes.

---

4. Instalación y configuración del servidor SMTP (MTA)

Un servidor SMTP (Protocolo Simple de Transferencia de Correo) es un tipo de servidor de correo encargado de enviar correos electrónicos de un emisor a uno o varios receptores a través de internet, siguiendo las normas del protocolo SMTP.

El Mail Transfer Agent (MTA) es una parte integral del servidor SMTP, actuando como el *software* principal para el envío y la recepción de correos electrónicos. El MTA verifica el tamaño del correo y si es *spam* antes de almacenarlo.

El servidor SMTP también tiene la función de prevenir el *spam,* empleando mecanismos de autenticación que permiten que solo los usuarios autorizados puedan enviar correos electrónicos. Por ello, la mayoría de los servidores de correo modernos admiten la extensión de protocolo ESMTP con autenticación SMTP.

A continuación, se exponen los pasos a seguir para la instalación y configuración de un servidor SMTP (MTA) en sistemas operativos *Linux* y *Windows:*

1. **Instalación del *software:*** en ambos sistemas operativos, la instalación del *software* MTA proporciona la base para la gestión del tráfico de correos electrónicos.

2. **Configuración del servidor como MX:** la configuración define cómo se maneja el correo entrante y saliente.

3. **Configuración como MTA:** se establecen métodos de autenticación y cifrado para garantizar que solo los usuarios autorizados puedan enviar correos electrónicos, protegiendo así la integridad del tráfico.

4. **Sistemas de seguridad:** se integran herramientas de filtrado antivirus y *antispam,* asegurando que los mensajes entrantes y salientes estén libres de amenazas.

5. **Gestión del servidor:** el servidor se configura para arrancar automáticamente y se establecen procedimientos claros para apagar o reiniciar el servicio, minimizando el tiempo de inactividad.

6. **Gestión de *logs:*** se configuran registros detallados, permitiendo un seguimiento exhaustivo de las actividades del servidor, facilitando la identificación de problemas, auditorías y monitoreo de la seguridad.

En los siguientes apartados se explica cada uno de estos pasos con un enfoque práctico.

 Nota

Para entender mejor este proceso, imagine que la instalación y configuración de un servidor SMTP (MTA) es como construir y operar un aeropuerto internacional avanzado, donde el objetivo es manejar eficientemente el flujo de aviones *(e-mails)* de manera segura y eficaz.

La fase de construcción se compara con la instalación del *software* MTA, proporcionando la infraestructura para la gestión del tráfico de correos. La configuración como MX define cómo se manejarán los correos entrantes y salientes, similar a la designación de rutas y altitudes en el espacio aéreo. La configuración como MTA es como la torre de control, manejando el tráfico de correo con autenticación y seguridad. Los sistemas de seguridad protegen contra amenazas, al igual que las medidas de seguridad en un aeropuerto, y la gestión de *logs* permite un seguimiento integral del tráfico, asegurando la operación segura y eficiente de todos los "vuelos" (correos).

4.1. Instalación *software*

La instalación del *software* tanto en sistemas *Linux* como en *Windows* requiere seguir varios pasos.

Proceso de descarga y configuración de *Postfix 3.8.5* en *Linux*

Para descargar *Postfix 3.8.5* hay que dirigirse al sitio web oficial de *Postfix* y descargar la última versión.

https://redirectoronline.com/uf12730204

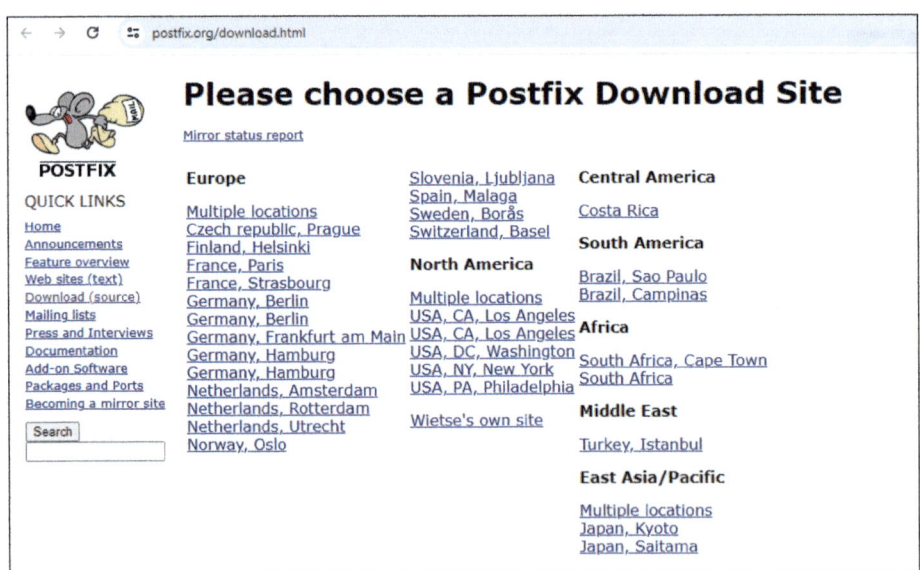

Se deben seguir los siguientes pasos:

1. En la página aparecen sitios de descarga en diferentes ubicaciones. Es conveniente elegir el que esté más cerca de la ubicación en la que se encuentre.
2. Hacer clic en el enlace de descarga para la versión 3.8.5 de *Postfix.* Esto debería iniciar la descarga del archivo tar.gz de *Postfix.*
3. Extraer el archivo. Una vez descargado, se extrae el archivo *tarball.* Se puede hacer con el siguiente comando:

```
tar -xvzf postfix-3.8.5.tar.gz
```

4. Actualizar los paquetes del sistema. Antes de instalar nuevo *software,* se recomienda actualizar la lista de paquetes del sistema con el siguiente comando:

```
sudo apt-get update
```

5. Instalar *Postfix. Postfix* sirve como servidor de correo y se pueden instalar en con el siguiente comando:

```
sudo apt-get install postfix
```

6. Durante la instalación, se solicitan algunas opciones interactivamente:

   ▪ Tipo general de configuración de correo: se elige la opción **Internet Site** para que el servidor se conecte directamente a internet.
   ▪ **Nombre del sistema de correo:** esto define el dominio básico usado para construir una dirección de correo válida.

Con *Postfix 3.8.5* ya instalado en el sistema *Linux,* configurar el servidor SMTP implica editar el archivo de configuración principal /etc/postfix/main.cf.

A continuación, se expone un ejemplo básico de cómo **configurar** las opciones más comunes para un servidor SMTP usando *Postfix:*

- Una vez instalado *Postfix,* se edita su archivo de configuración principal, /etc/postfix/main.cf, utilizando un editor de texto. Para ello, se utiliza un editor de texto como nano:

```
sudo nano /etc/postfix/main.cf
```

- Dentro del archivo main.cf, se deben ajustar o añadir las siguientes configuraciones:

```
myhostname = mail.tudominio.com
mydomain = tudominio.com
mynetworks = 127.0.0.0/8, 192.168.0.0/24
mydestination = $myhostname, localhost.$mydomain, $mydomain
```

- Establece el nombre de dominio de internet del sistema de correo.
- Especifique los dominios que el servidor considerará como locales.
- Especifique las redes desde las cuales se permitirá la recepción de correos.
- Especifique los destinos a los que se enviará o recibirá correo.

- Configure el alias de los correos, que redirecciona los correos dirigidos a root.

```
alias_maps = hash:/etc/aliases
alias_database = hash:/etc/aliases
```

- Habilite el cifrado para enviar y recibir correos de forma segura.

```
smtpd_tls_cert_file=/etc/ssl/certs/ssl-cert-snakeoil.pem
smtpd_tls_key_file=/etc/ssl/private/ssl-cert-snakeoil.key
smtpd_use_tls=yes
smtpd_tls_session_cache_database = btree:${data_directory}/smtpd_scache
```

■ Habilite la autenticación.

```
smtpd_sasl_auth_enable = yes
smtpd_sasl_security_options = noanonymous
smtpd_sasl_local_domain = $myhostname
```

■ Tras realizar los cambios necesarios en el archivo main.cf, se guarda y se cierra el editor presionando [Ctrl] + [X], luego [Y] para confirmar los cambios y, finalmente [Enter], para salir. Posteriormente, se reinicia *Postfix* para que los cambios surtan efecto con el siguiente comando:

```
sudo systemctl restart postfix
```

■ Finalmente, se verifica el estado de *Postfix* para asegurar su correcto funcionamiento con:

```
sudo systemctl status postfix
```

 Nota

A continuación, se exponen los comandos esenciales para la gestión y manipulación de un sistema *Linux:*

▌ *sudo:* permite ejecutar comandos con privilegios de superusuario.
▌ *man:* ofrece el manual de usuario para cualquier comando específico.
▌ *pwd:* revela la ruta del directorio en el que te encuentras.
▌ *cd:* cambia la ubicación actual a otro directorio.
▌ *ls:* enumera todos los archivos y carpetas en el directorio actual.
▌ *mkdir:* crea un directorio nuevo.
▌ *rmdir:* elimina un directorio, siempre y cuando esté vacío.

Continúa en página siguiente >>

<< Viene de página anterior

▌ *rm:* borra archivos o directorios.
▌ *cp:* copia archivos o directorios de un lugar a otro.
▌ *mv:* mueve o renombra archivos o directorios.
▌ *touch:* crea un archivo nuevo sin contenido.
▌ *cat:* visualiza el contenido de un archivo.
▌ *nano, vi:* editores de texto para modificar archivos o crear nuevos.
▌ *history:* despliega el historial de comandos usados recientemente en la terminal.
▌ *clear:* limpia la terminal, eliminando todo el contenido visible previo.
▌ *chmod:* modifica los permisos de los archivos o directorios.
▌ *chown:* cambia el propietario y/o el grupo asociado a un archivo o directorio.
▌ *apt-get update:* actualiza la lista de paquetes disponibles de los repositorios.
▌ *apt-get install:* instala nuevos paquetes en el sistema.
▌ *apt-get remove:* elimina paquetes previamente instalados.

Proceso de descarga y configuración de *hMailServer* en *Windows*

A continuación, se proporciona una guía básica para instalación de *hMail-Server.*

Para ello, se comienza con la descarga de *hMailServer* y se debe proceder de la siguiente manera:

1. Visitar la página de descargas de *hMailServer* en *hMailServer website.*

https://redirectoronline.com/uf12730205

2. Seleccionar la última versión estable del *software* (versión 5.6.8):

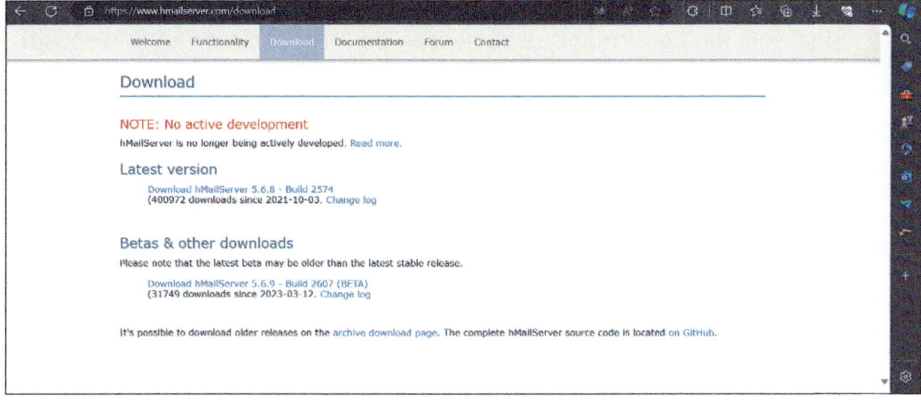

3. Guardar el archivo de instalación en el sistema local:

Una vez que se ha realizado la descarga, se proceder a la instalación de hMailServer; y para ello hay que:

1. Localizar el archivo descargado y hacer doble clic sobre él para iniciar el proceso de instalación:

2. Si se solicita, confirmar que se desean permitir cambios en el dispositivo para continuar con la instalación.

3. Seguir el asistente de instalación:

  ▪ Leer y aceptar los términos del acuerdo de licencia.

  ▪ Elegir los componentes que se desean instalar, generalmente se recomienda instalar todos los componentes por defecto.

  ▪ Seleccionar la ruta donde se desea instalar *hMailServer*. Por defecto, se instalará en C:\Program Files\hMailServer.

  ▪ Elegir si se desea utilizar una base de datos interna o externa. Para una configuración más simple y menos demandante, se puede optar por la base de datos interna que proporciona *hMailServer:*

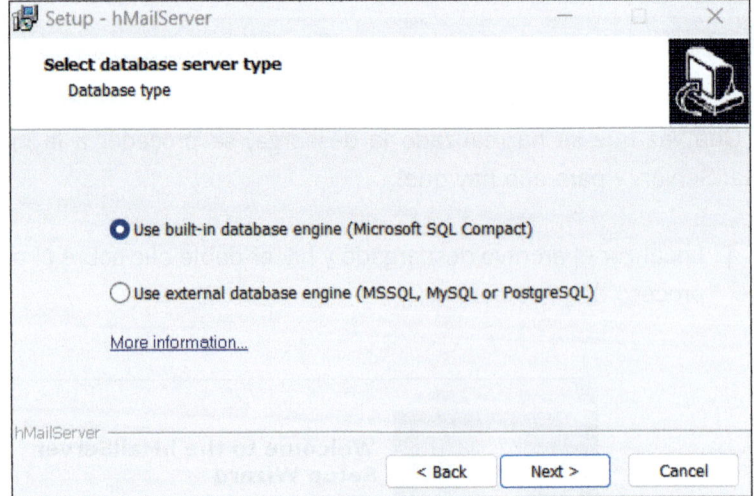

  ▪ Configuración de contraseña de administración: establecer una contraseña para la cuenta de administración de *hMailServer:*

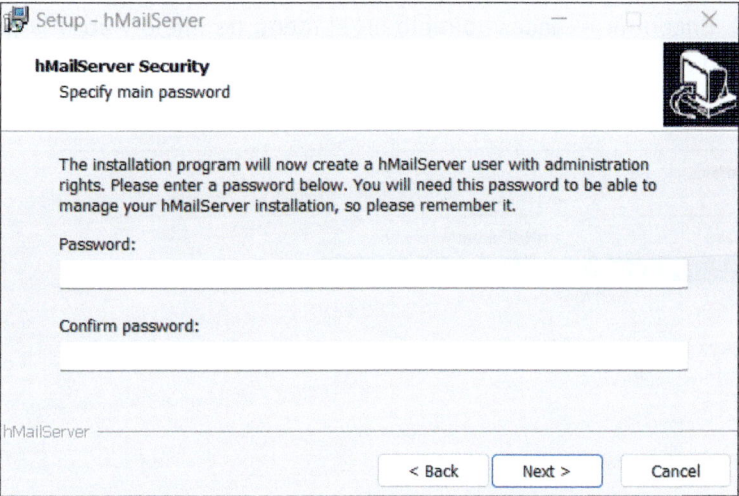

4. Finalizar la instalación. Completar el proceso de instalación y cerrar el asistente:

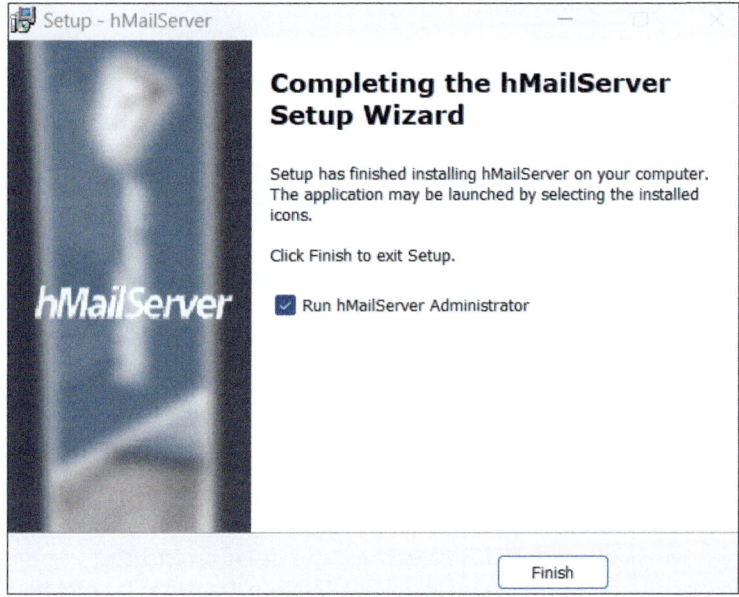

5. Encontrar el acceso directo en el menú de inicio y abrir la herramienta de administración de *hMailServer:*

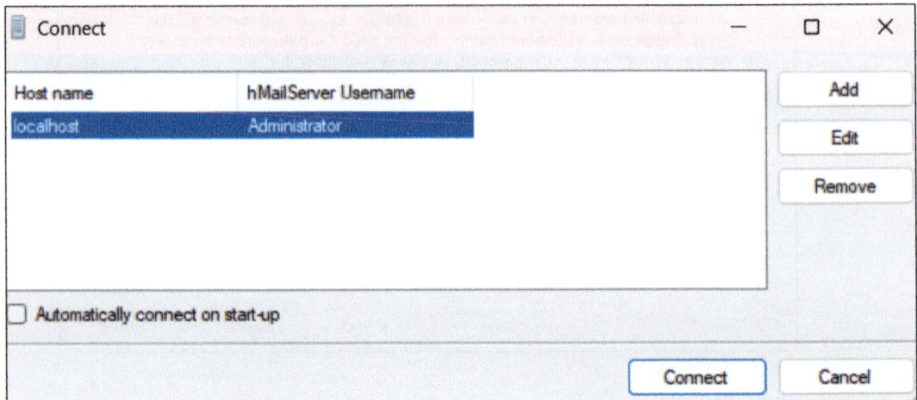

6. Utilizar la contraseña de administrador establecida durante la instalación para conectar a hMailServer:

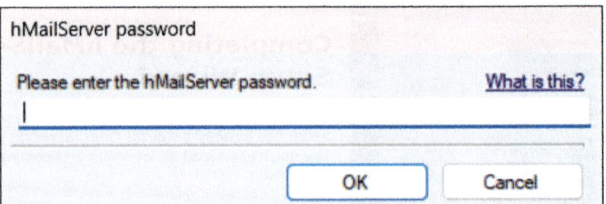

 **Importante**

Si hay problemas durante la instalación o el sistema indica que no se puede instalar *.NET Framework 2.0* debido a la versión de *Windows,* es posible que sea necesario habilitar la versión específica de *.NET Framework* a través de las características de Windows. En *Windows 10* y *11,* esto se puede hacer desde **Activar o desactivar las características de Windows** en el panel de control.

Para configurar dominios y cuentas, se deben seguir los siguientes pasos:

- Agregar un nuevo dominio: **Ir a Domains → Add** y especificar el nombre del dominio:

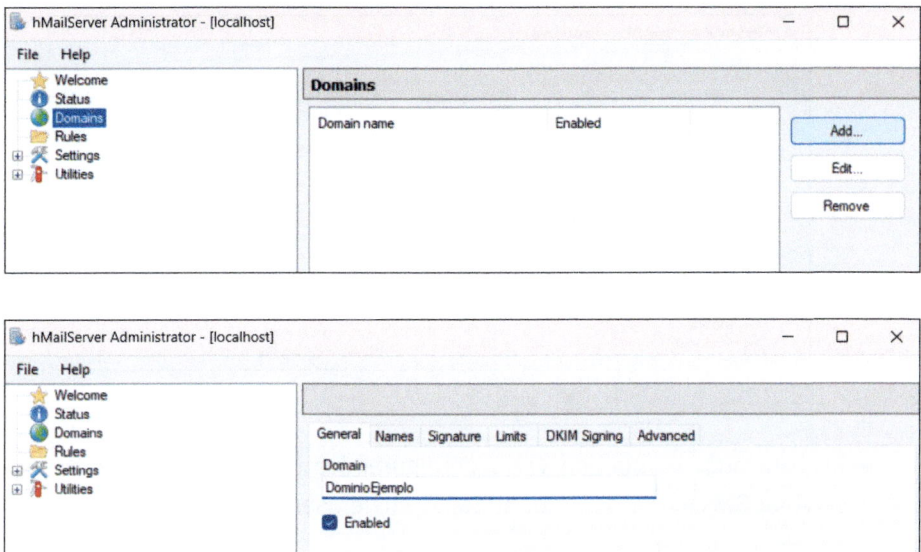

- Dentro del dominio, agregar cuentas de usuario proporcionando nombres de usuario y contraseñas:

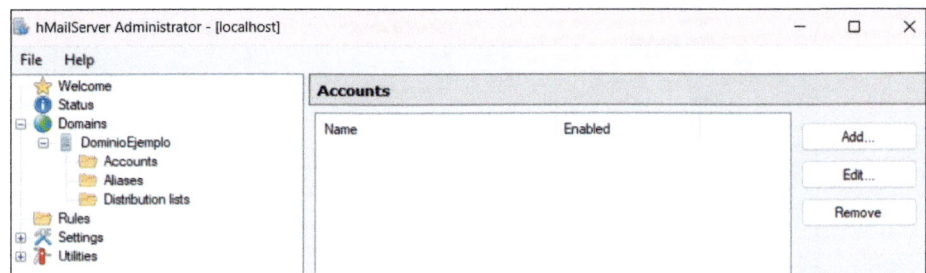

A continuación, se describe el proceso para acceder y configurar los **puertos** del servidor SMTP en el *software hMailServer:*

■ Acceso a *Settings:* en el panel izquierdo de *hMailServer Administrator,* se expande el árbol hasta llegar a *Settings.* Dentro de *Settings,* se encuentra una sección llamada *Protocols.* Se selecciona esta opción. Dentro de Protocols, se elige **SMTP:**

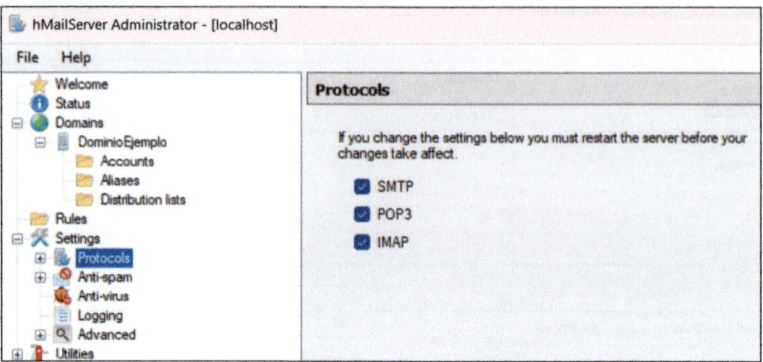

■ En esta área se pueden ver y configurar los puertos utilizados por el servidor SMTP. Por defecto, el SMTP suele usar el puerto 25 para conexiones no seguras:

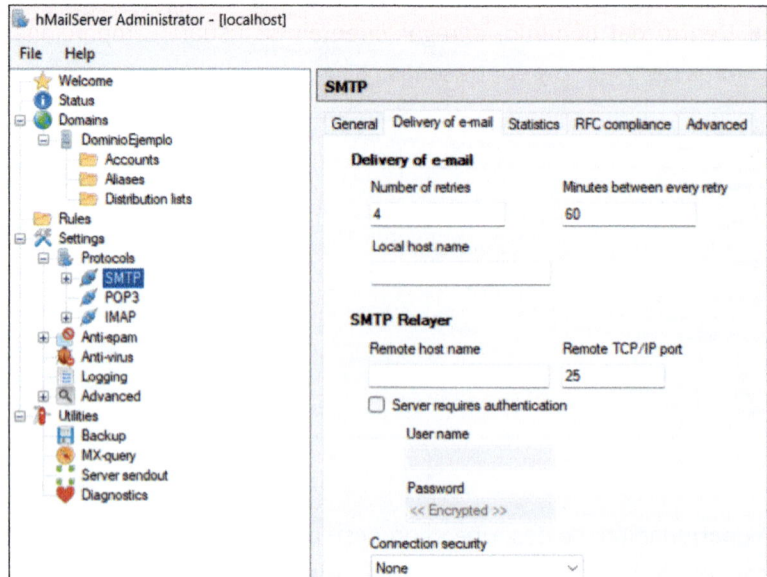

- Todavía en *Settings*, se busca una opción que pueda decir Advanced o SSL/TLS. En esta sección se configura el uso de certificados SSL para asegurar las conexiones. Aquí se puede especificar el certificado que el servidor debe usar para las conexiones seguras:

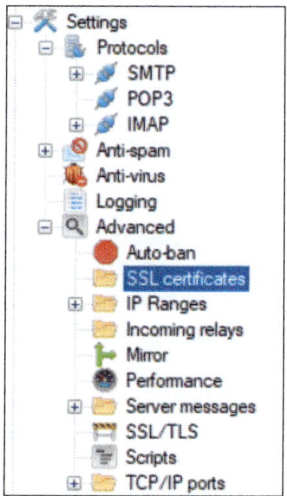

- Dentro de *Settings*, se busca una sección que se llama *Routes*. En esta sección se pueden definir rutas específicas que el correo debe seguir, como configurar un servidor SMTP externo para la entrega de correos:

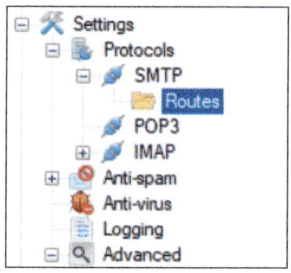

Aplicación práctica

Imagine que trabaja como técnico de soporte en una empresa de IT que ha reciente-mente adoptado *hMailServer* para gestionar su correo electrónico interno. Su amigo, Carlos, fue el encargado de la instalación y configuración inicial del *software,* pero algunos usuarios están experimentando problemas para enviar y recibir correos.

A continuación, aparecen los pasos que Carlos siguió durante la instalación y configu-ración de *hMailServer*. Revíselos e identifique cualquier paso que Carlos haya alterado o ejecutado incorrectamente, basándose en el procedimiento estándar de instalación y configuración:

1. Carlos visitó la página de descargas de *hMailServer*.
2. Seleccionó una versión beta del *software* para probar las nuevas funcionalidades.
3. Guardó el archivo de instalación en el sistema local.
4. Localizó el archivo descargado e hizo doble clic sobre él para iniciar el proceso de instalación.
5. Confirmó que se deseaban permitir cambios en el dispositivo para continuar con la instalación.
6. Siguió el asistente de instalación.
7. Leyó y aceptó los términos del acuerdo de licencia.
8. Eligió los componentes que deseaba instalar, seleccionando algunos componentes opcionales que creía necesarios.
9. Seleccionó la ruta donde deseaba instalar *hMailServer*. Optó por una unidad secun-daria D:\hMailServer en lugar de la ruta por defecto.
10. Eligió utilizar una base de datos externa que la empresa ya empleaba para otros servicios.
11. Configuró una contraseña simple para la cuenta de administración de *hMailServer,* pensando en facilitar el acceso al equipo de IT.
12. Finalizó la instalación y cerró el asistente.
13. Encontró el acceso directo en el menú de inicio y abrió la herramienta de adminis-tración de *hMailServer*.
14. Utilizó la contraseña de administrador establecida durante la instalación para conectar a *hMailServer*.
15. Agregó un nuevo dominio: fue a Domains → Add y especificó el nombre del dominio.
16. Dentro del dominio, agregó cuentas de usuario proporcionando nombres de usuario y contraseñas.
17. Accedió a *Settings* y, dentro de *Protocols,* seleccionó SMTP.
18. En el área de SMTP, configuró el puerto 587 en lugar del puerto 25 para conexiones no seguras pensando en la seguridad.

Continúa en página siguiente >>

<< Viene de página anterior

19. Todavía en *Settings,* buscó una opción que decía SSL/TLS y configuró el uso de un certificado SSL que la empresa ya utilizaba.
20. Dentro de *Settings,* buscó una sección llamada «Routes» y configuró un servidor SMTP externo para la entrega de correos.

SOLUCIÓN

Paso alterado: el paso 2, donde Carlos seleccionó una versión beta del *software.*

Utilizar una versión beta en un entorno de producción puede introducir inestabilidades y errores, ya que estas versiones están destinadas a pruebas y pueden contener funcionalidades no completamente desarrolladas o probadas.

Debería haber seleccionado la última versión estable del *software* (versión 5.6.8), como se recomienda para entornos de producción, para asegurar la fiabilidad y seguridad del sistema de correo.

4.2. Configuración como mx: parámetros de configuración. Protocolos y puertos de acceso. Dominios y cuentas

Para configurar un servidor como *Mail Exchanger (MX),* utilizando servidores de correo como *Postfix* o *hMailServer,* es necesario ajustar una serie de parámetros de configuración, protocolos y puertos de acceso, así como configurar dominios y cuentas. Los parámetros de configuración determinan cómo el servidor manejará el correo, tales como actuar como un *relay* para ciertos dominios o rechazar correos de remitentes específicos.

En cuanto a los protocolos y puertos, es clave asegurarse de que los puertos utilizados por protocolos como SMTP, IMAP y POP3, con el SMTP estándar en el puerto 25, estén abiertos en el *firewall* para permitir la comunicación con otros servidores de correo.

Además, se debe configurar al menos un dominio que el servidor aceptará para manejar el correo. En *Postfix,* las cuentas de correo generalmente corresponden a las cuentas de usuario del sistema Linux, mientras que en *hMailServer* se establecen directamente a través de su interfaz gráfica.

Linux con *Postfix*

Se debe asegurar que el dominio cuente con un registro MX que apunte al servidor *Postfix*. Esto implica configurar un registro DNS de tipo MX en el panel de control del proveedor de dominio que apunte al nombre de dominio completo (FQDN) del servidor *Postfix*.

Para configurar un servidor *Postfix* para manejar el correo para un dominio, como por ejemplo ejemplo.com, con un nombre de dominio completo (FQDN) como mail.ejemplo.com, se deben seguir ciertos pasos en el panel de control del proveedor de dominio:

1. Acceso al panel de control del proveedor de dominio. Generalmente, este panel incluye una sección dedicada a la administración de los registros DNS del dominio.
2. Se debe buscar la opción para agregar registros DNS. Una vez localizada, seleccionar **MX** como el tipo de registro a configurar.
3. En el campo correspondiente, se introduce el FQDN del servidor *Postfix,* que en este ejemplo es mail.ejemplo.com.
4. Dependiendo del proveedor de dominio, puede ser necesario especificar una prioridad para el registro MX. Ingresar un número como 10, que indicará que este servidor tiene alta prioridad en la recepción de correos electrónicos.
5. Es esencial guardar los cambios realizados en la configuración de DNS en el panel de control del proveedor de dominio.

Una vez que el registro MX está configurado de esta manera, cualquier correo electrónico enviado a @ejemplo.com será redirigido por los servidores de correo entrante hacia mail.ejemplo.com, según lo establecido en el registro MX del dominio. Esto configura el servidor *Postfix* como el servidor MX para manejar el correo del dominio indicado.

El puerto estándar para SMTP es el 25 para conexiones no seguras, y el 587 para conexiones seguras (STARTTLS). Se debe verificar que estos puertos estén abiertos.

En Linux, la verificación y apertura de puertos en el *firewall* se puede realizar utilizando herramientas como *iptables* o *ufw (Uncomplicated Firewall)*, especialmente en distribuciones como *Ubuntu.*

A continuación, se describen los métodos para hacerlo con ambas herramientas:

- Usando *iptables:*

  - Verificación de puertos abiertos: para listar todas las reglas de iptables y comprobar si los puertos 25 y 587 están abiertos, se utiliza el comando:

    ```
    sudo iptables -L
    ```

  - Apertura de puertos: si se descubre que los puertos no están abiertos, se pueden abrir utilizando los siguientes comandos:

    ```
    sudo iptables -A INPUT -p tcp --dport 25 -j ACCEPT
    sudo iptables -A INPUT -p tcp --dport 587 -j ACCEPT
    ```

- Usando ufw:

  - Verificación de puertos abiertos: para verificar el estado de ufw y si los puertos 25 y 587 están abiertos, se emplea el comando:

    ```
    sudo ufw status
    ```

  - Apertura de puertos: si los puertos no están abiertos, se pueden habilitar utilizando los siguientes comandos:

```
sudo ufw allow 25/tcp
sudo ufw allow 587/tcp
```

 Nota

Iptables y UFW *(Uncomplicated Firewall)* son herramientas para administrar el *firewall* en sistemas *Linux.*

Iptables, la herramienta más antigua y flexible de las dos, permite configurar reglas de *firewall* detalladas y complejas, aunque su sintaxis puede resultar complicada, especialmente para usuarios menos experimentados.

En contraste, UFW ofrece una interfaz más sencilla diseñada para facilitar la gestión del *firewall* en *Linux,* proporcionando comandos más accesibles y fáciles de entender.

Al configurar un servidor *Postfix* es fundamental implementar ajustes de seguridad y funcionalidad adecuados en el archivo main.cf. A continuación, se muestra cómo asegurar las comunicaciones mediante TLS, administrar dominios y gestionar cuentas de usuario o bases de datos virtuales, dependiendo de la configuración de *Postfix:*

- Accede al archivo main.cf.

```
sudo nano /etc/postfix/main.cf
```

- Añade o modifica las siguientes líneas en el archivo main.cf:

```
smtpd_tls_security_level = may
smtpd_tls_cert_file = /ruta/a/tu/certificado.pem
smtpd_tls_key_file = /ruta/a/tu/clave-privada.pem
```

- Para agregar dominios, se edita el archivo /etc/postfix/main.cf y se añade el dominio en la línea mydestination.

```
mydestination = tuDominio.com, localhost
```

- Las cuentas de correo pueden gestionarse a través del sistema de usuarios de *Linux* o mediante bases de datos virtuales si *Postfix* se está configurado en este modo.
- Se guarda y se cierra el archivo.
- Se reinicia el servicio *Postfix* para que los cambios tengan efecto.

```
sudo systemctl restart postfix
```

 Ejemplo

Las cuentas de correo pueden ser gestionadas mediante el sistema de usuarios de *Linux*. Cada usuario del sistema tiene asociada una cuenta de correo.

A continuación, se presenta un ejemplo de cómo crear un nuevo usuario y su correspondiente buzón de correo:

1. Crear un nuevo usuario:

```
sudo adduser nuevoUsuario
```

El nuevo buzón de correo se creará automáticamente en /var/mail/nuevoUsuario.
2. Para aquellas personas que prefieran no crear un nuevo usuario del sistema para cada cuenta de correo, es posible utilizar bases de datos virtuales. A continuación, se muestra cómo configurar esto:

Continúa en página siguiente >>

<< Viene de página anterior

I Primero, es necesario configurar *Postfix* para usar bases de datos virtuales. Esto se realiza añadiendo o modificando las siguientes líneas en el archivo /etc/postfix/main.cf:

```
virtual_alias_domains = tuDominio.com
virtual_alias_maps = hash:/etc/postfix/virtual
```

I Luego, se deben añadir las direcciones de correo y especificar a qué usuarios del sistema deben entregar el correo en el archivo /etc/postfix/virtual. Por ejemplo:

```
correo@tuDominio.com      usuarioDelSistema
```

I Finalmente, se debe ejecutar el comando *postmap* y reiniciar *Postfix* para que los cambios surtan efecto:

```
sudo postmap /etc/postfix/virtual
sudo systemctl restart postfix
```

En *Windows* con *hMailServer*

Similar a *Postfix*, se debe asegurar que existe un registro MX en el sistema de nombres de dominio (DNS) que apunte al servidor donde está operando *hMailServer*. Esto requiere acceso al panel de control de DNS del proveedor de dominio donde se debe añadir un registro MX que apunte al nombre de dominio completo (FQDN) del servidor Windows que aloja *hMailServer*.

Nota

El administrador de *hMailServer* facilita la configuración de diversos aspectos del servidor de correo, incluyendo la creación de dominios y cuentas de correo, así como la configuración de reglas y filtros. Sin embargo, la configuración de los registros MX para un dominio no se gestiona a través del administrador de *hMailServer.*

Los registros MX forman parte de la configuración DNS de un dominio y deben ser establecidos a través del panel de control del proveedor de dominio. Esto se debe a que los registros MX son utilizados por otros servidores de correo en internet para determinar dónde enviar los correos electrónicos destinados a un dominio específico. Por lo tanto, estos registros deben estar disponibles globalmente a través del sistema de nombres de dominio (DNS), no solo en el servidor de correo local.

En *hMailServer,* es posible configurar los parámetros del servidor a través de la interfaz gráfica de usuario. Esto incluye ajustes como el nombre de tu dominio, el nombre de host del servidor de correo, y los protocolos que este utilizará para enviar y recibir correo.

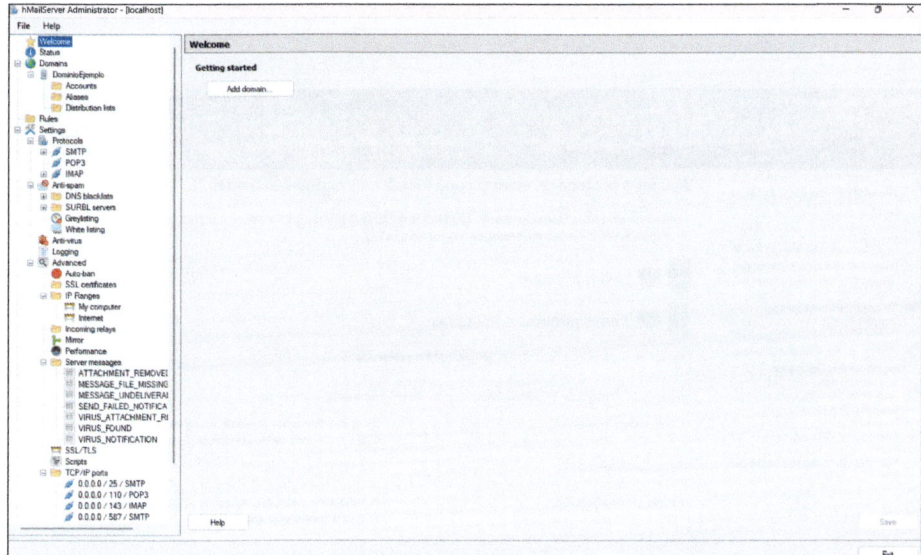

Interfaz gráfica de usuario de hMailServer

hMailServer utiliza los protocolos SMTP, IMAP y POP3 para enviar y recibir correo. Es necesario asegurar que los puertos necesarios para estos protocolos (25 para SMTP, 143 para IMAP, y 110 para POP3) estén abiertos en tu *firewall*. Es posible hacer esto a través del panel de control de *Windows* del siguiente modo:

1. **Panel de Control** en el menú de inicio:

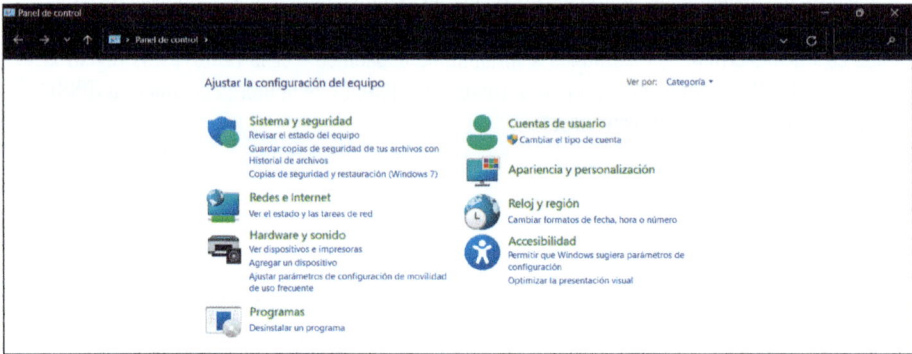

2. En la sección **Sistema y Seguridad,** se hace clic en **Firewall de Windows** y en el panel izquierdo clic en **Configuración avanzada:**

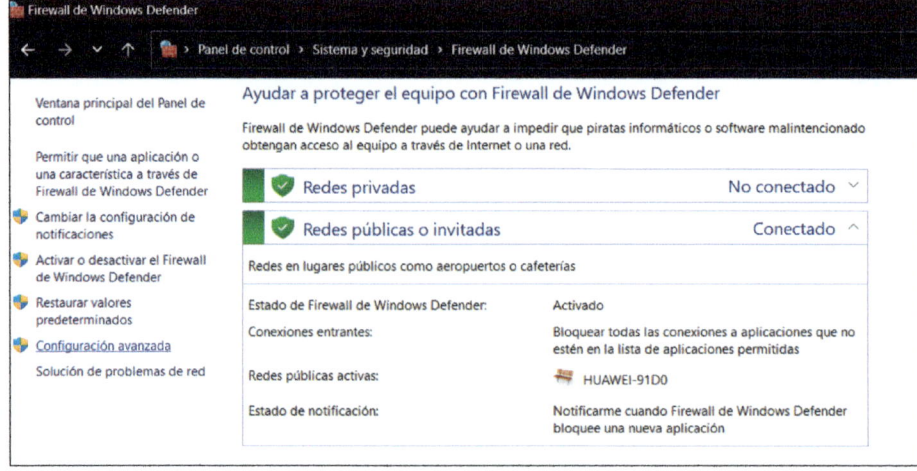

3. En el panel izquierdo de la **Configuración avanzada,** se hace clic en **Reglas de entrada:**

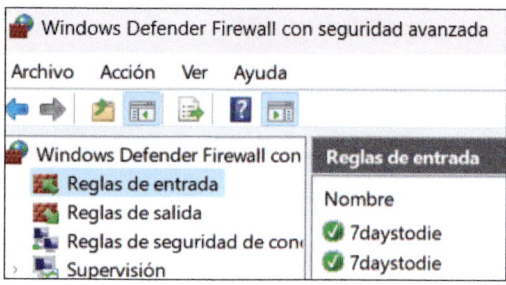

4. En el panel derecho, se hace clic en **Nueva regla...**

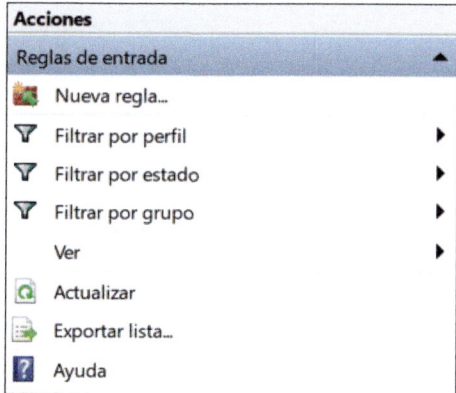

5. En el asistente para la nueva regla, se selecciona **Puerto** y se hace clic en **Siguiente.**

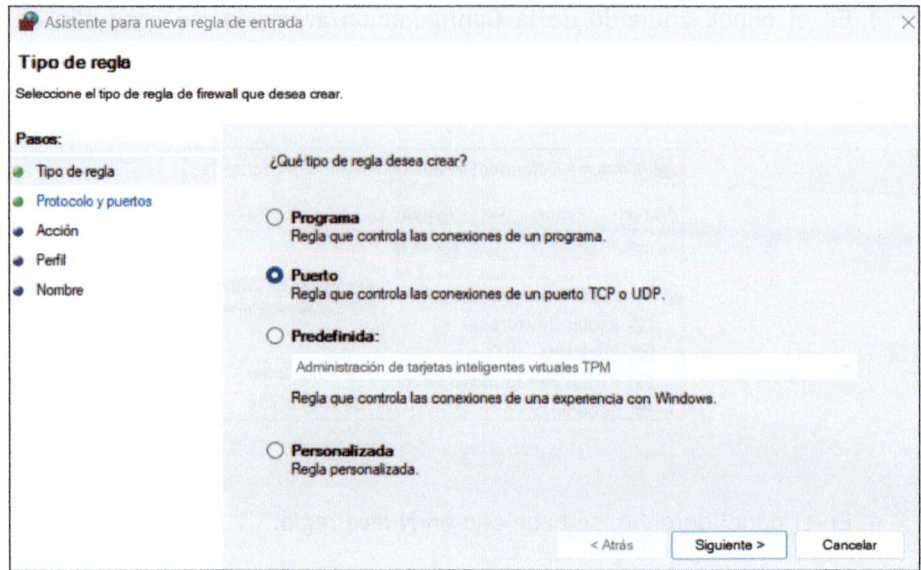

6. A continuación, hay que asegurarse de que **TCP** esté seleccionado e introducir los números de puerto que se desean abrir en el campo *Puertos locales específicos* (25, 143, 110 para SMTP, IMAP y POP3, respectivamente).

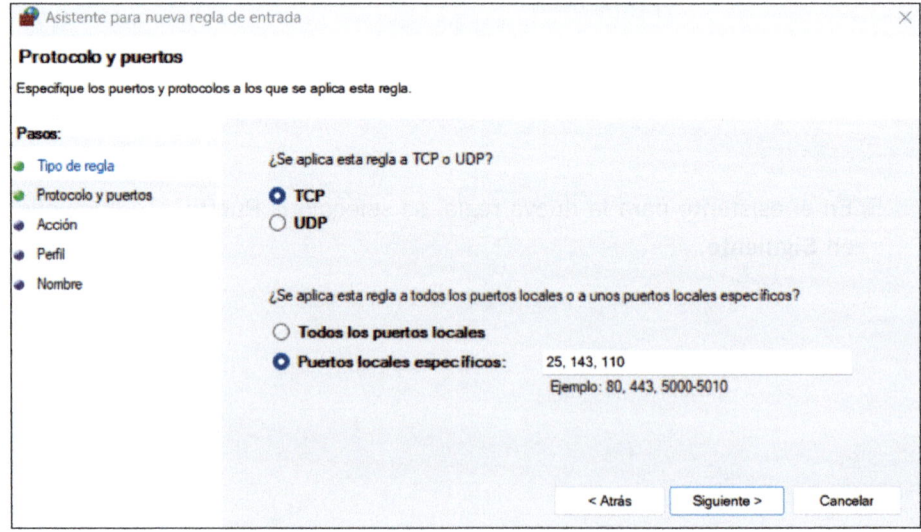

7. Se hace clic en **Siguiente** hasta que se pueda dar un nombre a la regla y, por último, en **Finalizar.**

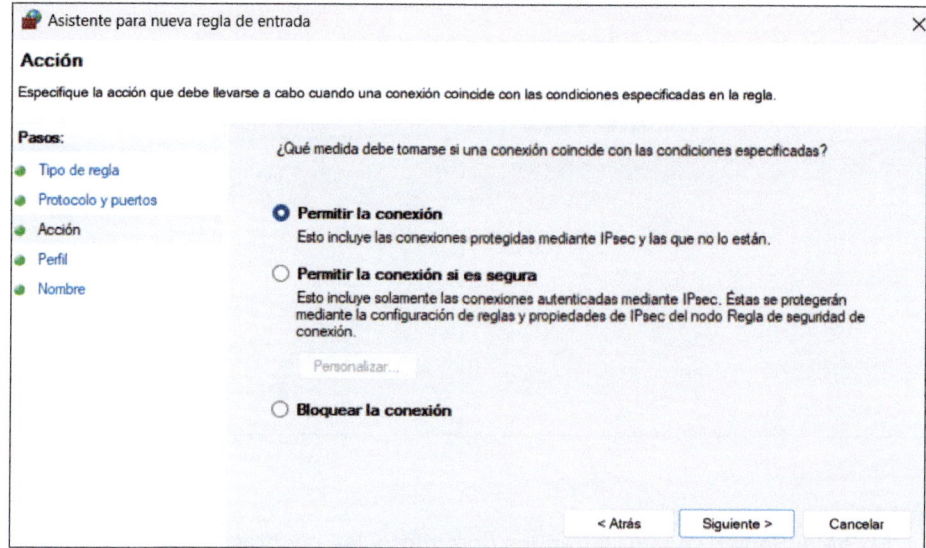

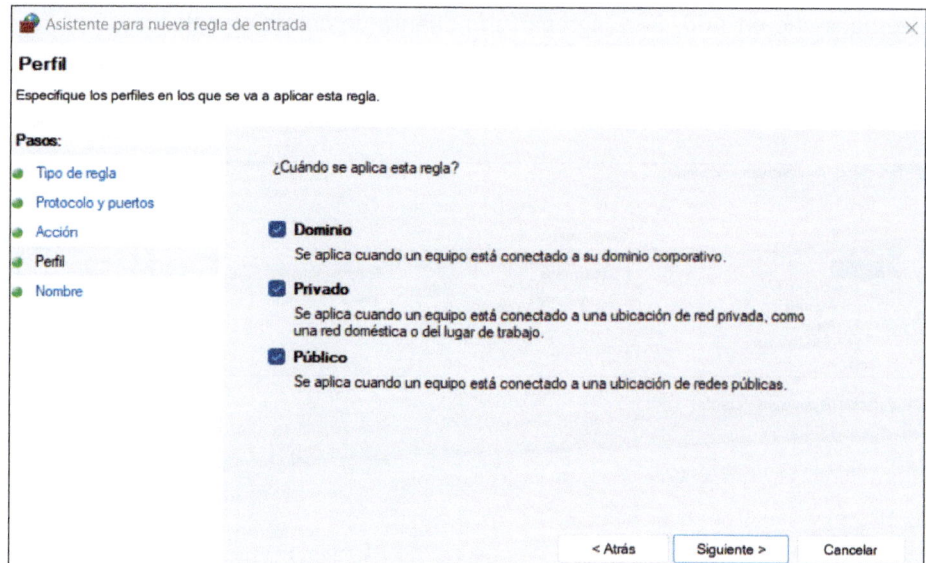

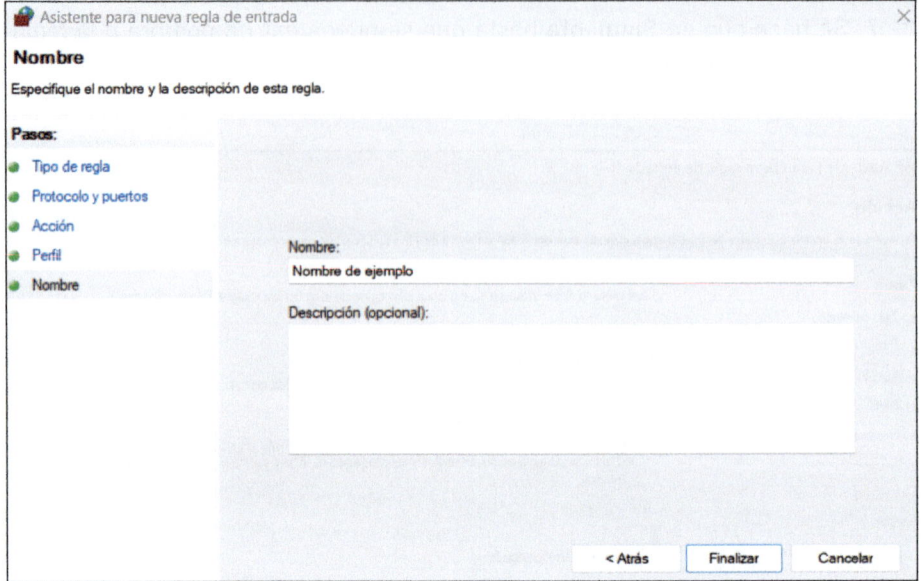

En *hMailServer,* se configuran los dominios y las cuentas de correo a través de la interfaz gráfica de usuario. Para agregar un dominio se selecciona **Domains** y se hace clic en **Add.** Para agregar una cuenta de correo se selecciona el dominio en la lista, **Accounts** y **Add.**

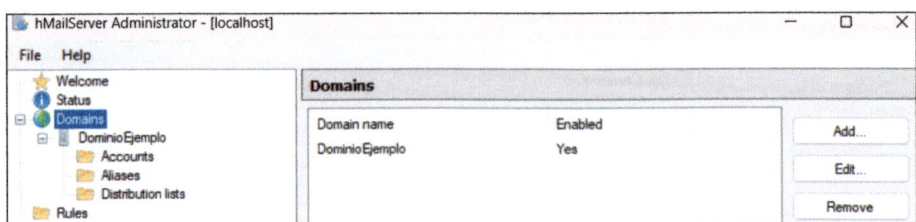

Configuración de dominios y cuentas

Actividades

9. ¿Qué parámetros de configuración son esenciales para establecer un servidor como *Mail Exchanger (MX)* utilizando *Postfix* y *hMailServer?*

10. ¿Cómo se configura un registro *MX* para un dominio en el sistema de nombres de dominio (DNS) cuando se usa *hMailServer?*

11. ¿Qué protocolos y puertos deben estar abiertos en el *firewall* para permitir la comunicación efectiva de *hMailServer?*

Aplicación práctica

Como parte de una auditoría de seguridad, se le ha encargado verificar que los puertos necesarios para el funcionamiento de los protocolos SMTP, IMAP y POP3 estén correctamente configurados en el *firewall* de *Windows.*

Se le proporciona una descripción de los pasos seguidos por una amiga, Laura, para configurar los puertos en el *firewall.* Su tarea es identificar si Laura cometió algún error en el proceso y explicar qué pasos deben tomarse para corregirlo, asegurando que la configuración cumpla con las buenas prácticas de seguridad:

1. Laura accedió al Panel de Control desde el menú de inicio.
2. En la sección Sistema y Seguridad, hizo clic en Firewall de Windows y luego en el panel izquierdo en Configuración avanzada.
3. En el panel izquierdo de la Configuración avanzada, hizo clic en Reglas de entrada.
4. En el panel derecho, hizo clic en Nueva regla...
5. En el asistente para la nueva regla, seleccionó Puerto y clic en Siguiente.
6. Aseguró que TCP esté seleccionado e introdujo los números de puerto que deseaba abrir en el campo *Puertos locales específicos* (587 para SMTP, 993 para IMAP, y 995 para POP3, respectivamente), creyendo que estos puertos ofrecen una conexión más segura.
7. Hizo clic en Siguiente hasta que pudo dar un nombre a la regla y, finalmente, clic en Finalizar.

Continúa en página siguiente >>

<< Viene de página anterior

SOLUCIÓN

Paso alterado: el paso 6, donde Laura introdujo los números de puerto 587 para SMTP, 993 para IMAP, y 995 para POP3.

Aunque los puertos 587, 993 y 995 son usados para conexiones seguras SMTP, IMAP y POP3 respectivamente, la tarea requería abrir los puertos estándar (25 para SMTP, 143 para IMAP, y 110 para POP3). Estos puertos son necesarios para el funcionamiento básico y estándar de *hMailServer* según las especificaciones dadas.

4.3. Configuración como mta: parámetros de configuración. Protocolos y puertos de acceso. Autenticación de usuarios

Configurar un servidor como Agente de Transferencia de Mensajes (MTA) es esencial para garantizar la eficiencia y la seguridad en la transmisión y recepción de correos electrónicos. Este proceso implica la definición precisa de parámetros, la elección de protocolos y puertos adecuados, y la implementación de un sistema de autenticación robusto.

A continuación, se explica cómo configurar *Postfix* en *Linux* y *hMailServer* en *Windows* como servidores MTA.

En *Linux* con *Postfix*

Los parámetros de configuración de *Postfix* se establecen en el archivo de configuración principal, que se encuentra en /etc/postfix/main.cf.

Aquí se pueden configurar parámetros como *myhostname* (el nombre de host del servidor), *mydomain* (el dominio), *myorigin* (el dominio que se añade a los correos enviados desde este sistema), entre otros:

```
# Editar el archivo de configuración principal
sudo nano /etc/postfix/main.cf

# Añadir o modificar las siguientes líneas
myhostname = mail.midominio.com
mydomain = midominio.com
myorigin = $mydomain
```

La configuración de Relay y transporte de correo en servidores como *Postfix* facilita la gestión del enrutamiento de los correos electrónicos. Estas configuraciones incluyen el uso de la directiva *relayhost* y *transport_maps* para definir cómo y hacia dónde se envían los correos.

El *relayhost* es una configuración en *Postfix* que permite definir un servidor de correo externo específico al que todos los correos deben ser enviados para su entrega final. Este servidor actúa como un intermediario, recibiendo los correos del servidor y enviándolos a su destino final. Esta configuración es especialmente útil cuando el servidor no puede enviar correos directamente a los servidores de destino debido a restricciones de política o para mejorar la fiabilidad y la entrega a través de un servicio especializado.

Para configurar un *relayhost,* se modifica el archivo /etc/postfix/main.cf añadiendo *relayhost* = [direccion.del.servidor.relay]: puerto, donde direccion. del.servidor.relay es la dirección del servidor de correo *relay* y puerto es el puerto que se utiliza para la conexión, típicamente 25, 587 o 465.

```
# Editar el archivo de configuración principal
sudo nano /etc/postfix/main.cf

# Añadir o modificar la línea de relayhost
relayhost = [direccion.del.servidor.relay]:puerto

# Añadir o modificar la línea de transport_maps
transport_maps = hash:/etc/postfix/transport

# Guardar y cerrar el archivo
```

Por otro lado, los *transport_maps* ofrecen una manera de definir rutas de correo específicas para diferentes dominios o direcciones de correo electrónico, permitiendo especificar diferentes formas de manejar el correo para diferentes destinos. Para utilizar *transport_maps,* se debe modificar el archivo /etc/postfix/main.cf agregando transport_maps = hash:/etc/postfix/transport. A continuación, se crea y edita el archivo /etc/postfix/transport donde se especifican las reglas de enrutamiento del correo, como dominio1.com smtp: [smtp.dominio1.com] y dominio2.com smtp: [smtp.dominio2.com]. Después de editar este archivo, se aplican los cambios con el comando postmap /etc/postfix/transport:

```
# Crear y editar el archivo de transport_maps
sudo nano /etc/postfix/transport

# Añadir las reglas de enrutamiento del correo
dominio1.com smtp:[smtp.dominio1.com]
dominio2.com smtp:[smtp.dominio2.com]

# Guardar y cerrar el archivo

# Aplicar los cambios
sudo postmap /etc/postfix/transport
```

Postfix utiliza el **protocolo** SMTP para enviar correo. El puerto estándar para SMTP no seguro es el 25, y el puerto 587 se utiliza para conexiones seguras (STARTTLS). Se debe asegurar que estos puertos estén abiertos en el *firewall:*

```
# Verificar si los puertos están abiertos
sudo iptables -L

# Si los puertos no están abiertos, se pueden usar los siguientes comandos para abrirlos
sudo iptables -A INPUT -p tcp --dport 25 -j ACCEPT
sudo iptables -A INPUT -p tcp --dport 587 -j ACCEPT
```

TLS es un protocolo destinado a proporcionar privacidad y seguridad entre dos aplicaciones que se comunican por internet. En el contexto de un servidor de correo como *Postfix,* TLS se utiliza para cifrar las conexiones, asegurando que los datos enviados y recibidos no puedan ser interceptados o modificados. Para **configurar TLS** en *Postfix* se pueden emplear los siguientes comandos:

- smtpd_tls_cert_file: esta directiva apunta al archivo que contiene el certificado TLS del servidor. Este certificado puede ser emitido por una Autoridad de Certificación (CA) o ser un certificado autofirmado.
- smtpd_tls_key_file: esta directiva apunta al archivo que contiene la clave privada TLS del servidor. Esta clave debe mantenerse segura y no debe ser accesible públicamente.

 Ejemplo

Ejemplo de configuración en main.cf:

```
# Añadir o modificar las siguientes líneas en main.cf
smtpd_tls_cert_file = /etc/ssl/certs/mailcert.pem
smtpd_tls_key_file = /etc/ssl/private/mail.key
smtpd_use_tls=yes
```

SASL es un protocolo que permite la adición de mecanismos de autenticación en protocolos basados en conexiones. En *Postfix,* se utiliza para autenticar a los usuarios que envían correos a través del servidor, asegurando que solo los usuarios autorizados puedan hacerlo.

Dependiendo de la configuración del sistema y las preferencias, se puede usar cyrus-sasl o dovecot-sasl. Por ejemplo, para instalar cyrus-sasl en un sistema basado en Debian/Ubuntu, se usaría:

```
sudo apt-get install sasl2-bin
```

Para activar SASL, se debe añadir o modificar ciertas directivas en el archivo main.cf de *Postfix*.

 **Ejemplo**

Ejemplo de configuración en main.cf:

```
smtpd_sasl_auth_enable = yes
smtpd_sasl_security_options = noanonymous
```

Este código habilita la autenticación SASL (smtpd_sasl_auth_enable = yes) para que los usuarios deban autenticarse al enviar correos. Además, desactiva la posibilidad de autenticación anónima (smtpd_sasl_security_options = noanonymous), aumentando así la seguridad del servidor de correo.

En *Windows* con *hMailServer*

hMailServer se **configura** a través de su interfaz gráfica *hMailServer Administrator,* donde se puede ajustar todo desde dominios hasta reglas específicas de enrutamiento.

hMailServer utiliza los **protocolos** SMTP, IMAP y POP3 para enviar y recibir correo. Se debe asegurar que los **puertos** necesarios para estos protocolos (25 para SMTP, 143 para IMAP y 110 para POP3) estén abiertos en el *firewall.*

El proceso para la **configuración** de SSL/TLS debe seguir los siguientes pasos:

1. En *hMailServer Administrator,* navegar a la sección *Settings* en el panel izquierdo.
2. Bajo *Advanced,* seleccionar **SSL certificates.**

3. Dentro de *SSL certificates,* añadir un nuevo certificado o gestionar los existentes.

4. Para añadir un nuevo certificado, clic en **Add** y luego proporcionar la ruta al archivo del certificado y la clave privada.

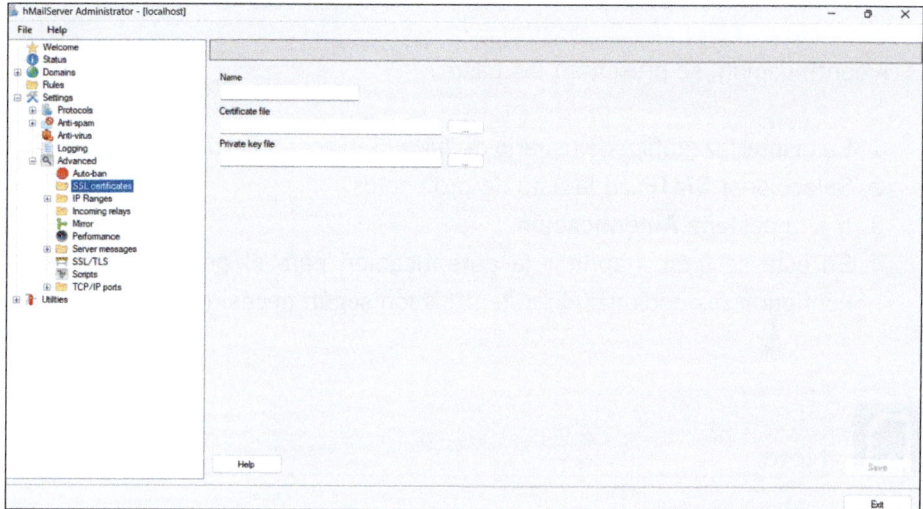

- Campo *Certificate file:* este campo requiere la ruta al archivo del certificado SSL. Este archivo contiene la clave pública y la información del certificado necesarios para establecer una conexión segura. El certificado suele tener una extensión como .crt o. pem y se obtiene de una Autoridad Certificadora (CA) tras enviarles una solicitud de firma de certificado (CSR). Se debe proporcionar la ruta completa al archivo del certificado ubicado en el servidor. Ejemplo de ruta: /etc/ssl/certs/server.crt

- Campo *Private key file:* este campo debe ser llenado con la ruta al archivo de la clave privada del certificado SSL. Este archivo es vital para la seguridad, contiene la clave privada que complementa al certificado público y nunca debe ser expuesto públicamente. Es importante asegurar que este archivo esté protegido y solo sea accesible por aplicaciones y usuarios autorizados. Ejemplo de ruta: /etc/ssl/private/server.key

Con estos archivos configurados adecuadamente en *hMailServer,* el
servidor estará habilitado para establecer conexiones seguras usando TLS.

Para configurar la **autenticación** en *hMailServer,* debes ir a la sección
Protocols en la interfaz gráfica de usuario de *hMailServer.*

A continuación, se presentan los pasos:

1. En la interfaz gráfica de usuario de *hMailServer,* ir a **Settings → Protocols.**
2. Seleccionar **SMTP** en la lista de protocolos.
3. Ir a la pestaña **Autenticación.**
4. En esta sección, habilitar la autenticación para el protocolo SMTP y
   configurar las opciones de autenticación según necesidades.

 Nota

Los términos MX y MTA representan dos elementos distintos, aunque estrechamente vin-
culados, dentro del ecosistema del correo electrónico:

▎ MX (Mail Exchange): se trata de un registro en el Sistema de Nombres de Dominio
(DNS) que indica cuál servidor de correo electrónico está asignado para procesar los
e-mails de un dominio específico. Esencialmente, cuando alguien envía un *e-mail* a
una dirección como usuario@ejemplo.com, el sistema de correo del emisor consulta el
registro MX correspondiente al dominio ejemplo.com para determinar a qué servidor
debe dirigir el correo.
▎ MTA (Mail Transfer Agent): este término se refiere al *software* instalado en un servidor
de correo que se encarga de la transferencia de *e-mails.* El MTA procesa los correos
entrantes del cliente de correo y se encarga de realizar controles necesarios, verificando
las direcciones de los destinatarios antes de enviar o recibir los mensajes.

Así, mientras el registro MX funciona como un director que orienta los correos electrónicos
hacia el servidor apropiado, el MTA actúa como el transportista que efectivamente recibe,
procesa y distribuye los mensajes dentro de ese servidor.

Aplicación práctica

Se enfrenta a la tarea de configurar de manera efectiva servidores que manejan grandes volúmenes de comunicación interna y externa para una organización.

Identifique si las siguientes acciones de configuración se aplican a un servidor en *Linux* o en *Windows:*

1. Configurar la entrega de correos a un servidor intermediario especificando la dirección y el puerto en un archivo de configuración.
2. Establecer rutas específicas para el correo electrónico utilizando un archivo en el que se definan reglas de enrutamiento.
3. Navegar por una interfaz gráfica para activar la autenticación en el protocolo SMTP y configurar las opciones de autenticación según las necesidades.
4. Utilizar una interfaz gráfica para añadir un certificado y su clave privada, configurando la ruta a través de campos específicos en la configuración avanzada.
5. Asegurar la comunicación utilizando un protocolo de seguridad que cifra las conexiones, donde se especifican las directivas para el archivo del certificado y la clave privada en un archivo de configuración.
6. Modificar un archivo en un directorio específico para configurar el nombre del *host* del servidor y el dominio.

SOLUCIÓN

Linux con *Postfix:*

▌ Modificar un archivo en un directorio específico para configurar el nombre del *host* del servidor y el dominio. (Configuración en /etc/postfix/main.cf).
▌ Configurar la entrega de correos a un servidor intermediario especificando la dirección y el puerto en un archivo de configuración. (Configuración de *relayhost* en /etc/postfix/main.cf).
▌ Establecer rutas específicas para el correo electrónico utilizando un archivo en el que se definan reglas de enrutamiento. (Utilización de *transport_maps* en /etc/postfix/transport).
▌ Asegurar la comunicación utilizando un protocolo de seguridad que cifra las conexiones, donde se especifican las directivas para el archivo del certificado y la clave privada en un archivo de configuración. (Configuración TLS en *Postfix).*

Continúa en página siguiente >>

<< Viene de página anterior

Windows con *hMailServer:*

▮ Utilizar una interfaz gráfica para añadir un certificado y su clave privada, configurando la ruta a través de campos específicos en la configuración avanzada. (Configuración de SSL/TLS en *hMailServer Administrator*).
▮ Navegar por una interfaz gráfica para activar la autenticación en el protocolo SMTP y configurar las opciones de autenticación según las necesidades. (Configuración de autenticación de usuarios en *hMailServer*).

4.4. Instalación y configuración de un sistema de filtros antivirus/ *antispam*

La implementación de un sistema de filtros antivirus y *antispam* protege tanto a los usuarios como a la red corporativa de mensajes maliciosos y no deseados, contribuyendo a mantener la continuidad operativa y la productividad.

En este contexto, para el sistema operativo *Linux* se va a explicar el uso de *SpamAssassin,* una herramienta antispam desarrollada por la Fundación Apache. Y, en el caso de *Windows,* exploraremos configuraciones de *hMailServer* relacionadas con los filtros *antispam.*

El *script* que se presenta a continuación incluye comandos para instalar, configurar, integrar y probar *SpamAssassin* con *Postfix* en un servidor *Linux,* con el objetivo de filtrar el correo no deseado:

```bash
#!/bin/bash

# Paso 1: Instalar SpomAssassin y Postfix
echo "Actualizando los paquetes del sistema..."
sudo apt update

echo "Instalando Postfix y SpamAssassin..."
sudo apt install postfix spamassassin -y
# Durante la instalación de Postfix, selecciona "Internet Site" y sigue las instrucciones.

# Paso 2: Configurar SpamAssassin
echo "Habilitando y arrancando SpamAssassin..."
sudo systemctl enable spamassassin
sudo systemctl start spamassassin

echo "Editando configuración de SpamAssassin..."
sudo nano /etc/spamassassin/local.cf

# Asegúrate de añadir o verificar las siguientes líneas en local.cf:
# rewrite_header Subject *****SPAM*****
# required_score 5.0
# use_bayes 1
# bayes_auto_learn 1
```

```bash
# Paso 3: Integrar SpamAssassin con Postfix
echo "Integrando SpamAssassin con Postfix..."
sudo nano /etc/postfix/master.cf

# Añade las siguientes líneas al final de master.cf:
# smtp      inet  n       y       -       -       smtpd
#   -o content_filter=spamassassin
# spamassassin unix -     n       n       -       -       pipe
#   user=spamd argv=/usr/bin/spamc -f -e
#   /usr/sbin/sendmail -oi -f ${sender} ${recipient}

# Paso 4: Reiniciar Postfix para aplicar los cambios
echo "Reiniciando Postfix..."
sudo systemctl restart postfix

# Paso 5: Pruebas y monitoreo
echo "Enviando un correo de prueba con contenido de spam conocido..."
echo "Test spam mail" | mail -s "Spam Test" usuario@example.com

echo "Revisando los logs para verificar la actividad de SpamAssassin..."
sudo tail -f /var/log/mail.log

# Instrucciones de uso:
# Copia este script en un archivo, por ejemplo setup_spamassassin.sh.
# Dale permisos de ejecución al archivo con el comando chmod +x setup_spamassassin.sh.
# Ejecuta el script con ./setup_spamassassin.sh desde tu terminal.
```

- **Shebang (#! /bin/bash):** esta línea indica al sistema operativo que el script debe ejecutarse utilizando Bash, el *shell* de Unix/Linux. Es la primera línea de cualquier script ejecutable.
- **Actualizar los paquetes (sudo apt update):** este comando actualiza la lista de paquetes disponibles y sus versiones sin instalar o actualizar ningún paquete.

- **Instalar Postfix y SpamAssassin (sudo apt install postfix spamassassin spamc -y):** aquí, apt *install* se utiliza para instalar los paquetes *Postfix, SpamAssassin* y *spamc* (cliente de *SpamAssassin).* La opción -y automáticamente responde **sí** a todas las preguntas, facilitando una instalación sin intervenciones.
- **Habilitar y arrancar SpamAssassin (sudo systemctl enable y sudo systemctl start):** estos comandos aseguran que *SpamAssassin* se inicie en el arranque del sistema *(enable)* y que comience a funcionar inmediatamente *(start).*
- **Editar archivo de configuración (sudo nano /etc/spamassassin/local.cf):** abre el archivo de configuración de *SpamAssassin* en nano, un editor de texto en la terminal, permitiendo personalizar la configuración de *SpamAssassin.*
- **Configuración de SpamAssassin:** establece directivas específicas dentro del archivo de configuración:

  - rewrite_header Subject *****SPAM*****: añade *SPAM* al asunto de los correos detectados como *spam.*
  - required_score 5.0: establece el puntaje necesario para que un correo sea considerado *spam.*
  - use_bayes 1: activa el filtro bayesiano, que aprende de los correos pasados para mejorar la detección de *spam.*
  - bayes_auto_learn 1: permite que el sistema aprenda automáticamente de los errores y aciertos para ajustar los criterios de detección de *spam.*

- **Integrar SpamAssassin con Postfix (sudo nano /etc/postfix/master.cf):** abre el archivo de configuración principal de Postfix para añadir configuraciones que permitan la interacción entre *Postfix* y *SpamAssassin.*
- **Detalles de configuración de *Postfix:*** define cómo *Postfix* debe pasar los correos a través de *SpamAssassin* antes de entregarlos a los buzones de correo. Especifica que *SpamAssassin* actuará como un filtro de contenido.
- **Reiniciar *Postfix* (sudo systemctl restart postfix):** este comando reinicia el servicio de *Postfix* para aplicar todas las configuraciones nuevas.
- **Enviar correo de prueba:** envía un correo electrónico de prueba para verificar que el sistema de filtrado está funcionando correctamente. Utiliza el comando *mail* para enviar un correo desde la línea de comandos.

■ **Verificar** *logs* **(sudo tail -f /var/log/mail.log):** observa los registros en tiempo real para verificar cómo se procesan los correos, útil para confirmar que el filtrado de *spam* está activo y funcionando como se espera.

En el contexto de *Windows,* a continuación, se explican las configuraciones antispam de *hMailServer:*

■ General:

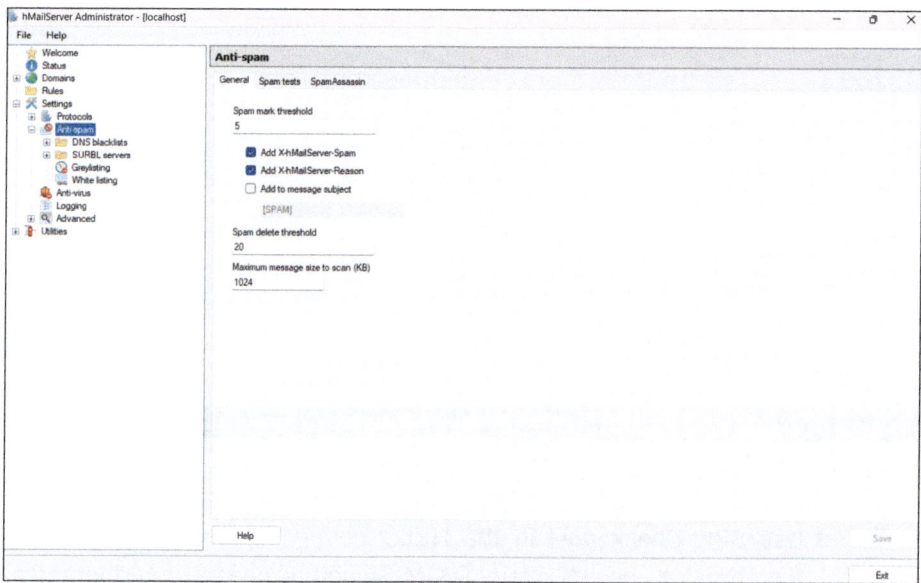

■ *Spam mark threshold:* define el umbral de puntuación para marcar un correo como *spam.* Correos con puntuaciones iguales o superiores a este valor se marcan, pero no se eliminan.

■ Add X-hMailServer-Spam: añade un encabezado a los correos identificados como *spam.*

■ Add X-hMailServer-Reason: añade un encabezado explicando por qué un mensaje fue marcado como *spam.*

■ Add to message subject: permite agregar una etiqueta al asunto de los correos marcados como *spam.*

■ Spam delete threshold: define el umbral de puntuación para eliminar automáticamente un correo.

■ Maximum message size to scan (KB): establece el tamaño máximo de los mensajes que se escanearán en busca de *spam.*

■ *Spam tests:*

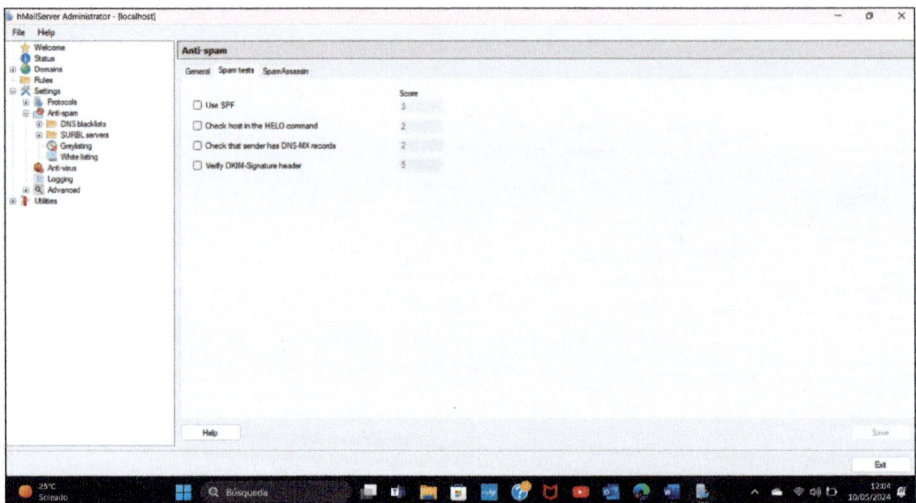

■ Use SPF, Check *host* in the HELO *command,* Check *that sender has* DNS-MX *records,* Verify DKIM-Signature *header:* son diferentes pruebas que se pueden aplicar para evaluar si un mensaje es *spam.* Cada prueba tiene asignado un puntaje que contribuye al puntaje total de *spam* de un mensaje.

■ SpamAssassin:

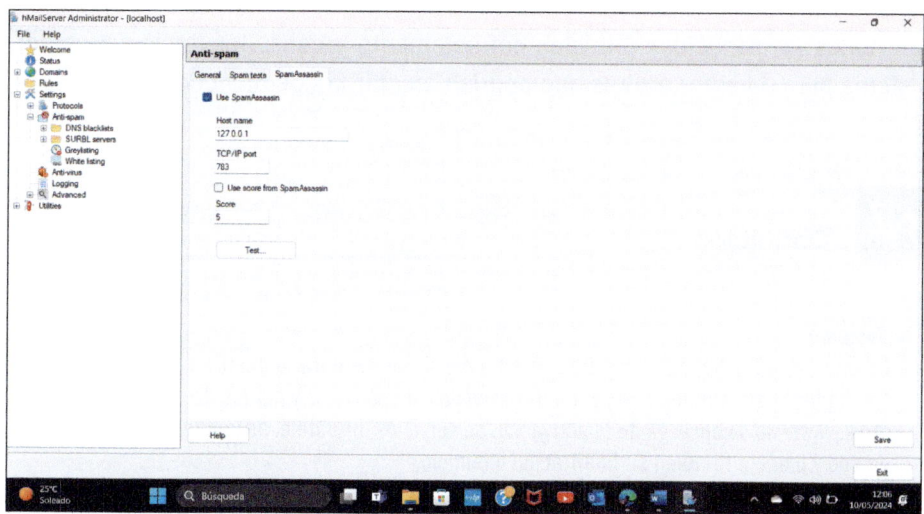

- Use SpamAssassin: activa el uso de *SpamAssassin* para el filtrado de *spam.*
- Host *name:* especifica el *host* donde está SpamAssassin, normalmente es *localhost.*
- TCP/IP *port:* el puerto, por defecto 783.
- Use *score from* SpamAssassin: permite utilizar la puntuación de SpamAssassin directamente.
- Score: define cómo se interpreta la puntuación de *SpamAssassin* en el contexto del filtro de *spam* de *hMailServer.*

4.5. Procesos de arranque y parada

Los procesos de arranque y parada son esenciales para gestionar el funcionamiento y la seguridad de un servidor, permitiendo al administrador supervisar el inicio y la detención ordenada de los servicios para minimizar riesgos de corrupción de datos o interrupciones.

El arranque puede ser automático o manual, dependiendo de la configuración del servidor, e incluye la activación de servicios esenciales como el MTA y el *firewall* a través de *scripts* o herramientas como *systemd.* Es clave verificar que todos los servicios se inicien correctamente y consultar los registros del sistema para detectar errores que podrían afectar la operatividad del servidor.

Definición

Systemd

Es una herramienta de gestión de arranque y servicios para sistemas *Linux,* que usa "unidades" para administrar y controlar servicios, dispositivos y puntos de montaje, entre otros. *Systemd* se encarga de la activación de servicios durante el arranque, supervisa su estado y maneja también su finalización o reinicio.

La parada del servidor es igualmente crítica, asegurando que todos los servicios finalicen de forma ordenada para evitar pérdidas de datos y preparar el sistema para un reinicio seguro. Esto implica el uso de *scripts* o comandos de detención que permitan un cierre seguro y secuencial de los servicios.

Para administrar correctamente los procesos de arranque y parada en servidores que utilizan *Postfix* en *Linux* y *hMailServer* en *Windows,* es clave implementar procedimientos que aseguren un inicio y cierre ordenados de los servicios, reduciendo el riesgo de corrupción de datos o interrupciones del servicio.

A continuación, se detallan los pasos y prácticas recomendadas para cada sistema.

Linux con *Postfix*

El **proceso de arranque** se desarrolla con los siguientes pasos:

1. Se utiliza el sistema *systemd* para manejar los servicios de *postfix.*
2. Se puede habilitar *postfix* para que se inicie automáticamente al arrancar el sistema con el siguiente comando:

```
sudo systemctl enable postfix
```

3. Esto asegura que *postfix* y otros servicios esenciales se inicien automáticamente.
4. Se verifica que todos los servicios se hayan iniciado correctamente utilizando:

```
systemctl status postfix
```

5. Se revisa también la conectividad de red y otros servicios críticos.
6. Los *logs* de sistema pueden ser consultados para asegurar que no hay errores durante el arranque.
7. Se comprueban los logs de *postfix* con:

```
journalctl -u postfix
```

Y el proceso de **parada** de la siguiente manera:

1. Para detener *postfix* de manera segura y evitar la pérdida de datos:

```
sudo systemctl stop postfix
```

2. Esto permite que el servicio termine de procesar los mensajes pendientes antes de apagarse.
3. Se utilizan *scripts* de *bash* o funciones de *systemd* para asegurar un cierre secuencial de los servicios.
4. Se revisan los *logs* para confirmar que todos los servicios se han detenido correctamente y registrar cualquier error.

Windows con *hMailServer*

El **proceso de arranque** sería:

- *hMailServer* se configura típicamente para iniciar automáticamente con *Windows* a través del services.msc.
- Se va a services.msc (se presiona [Win] + [R] para abrir el cuadro de diálogo **Ejecutar,** se escribe services.msc y se presiona [Enter] o se hace clic en **Aceptar,** se encuentra *hMailServer* en la lista y se asegura de que está configurado para iniciar automáticamente.

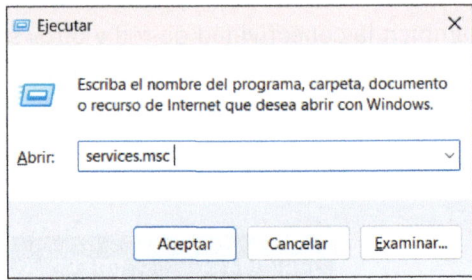

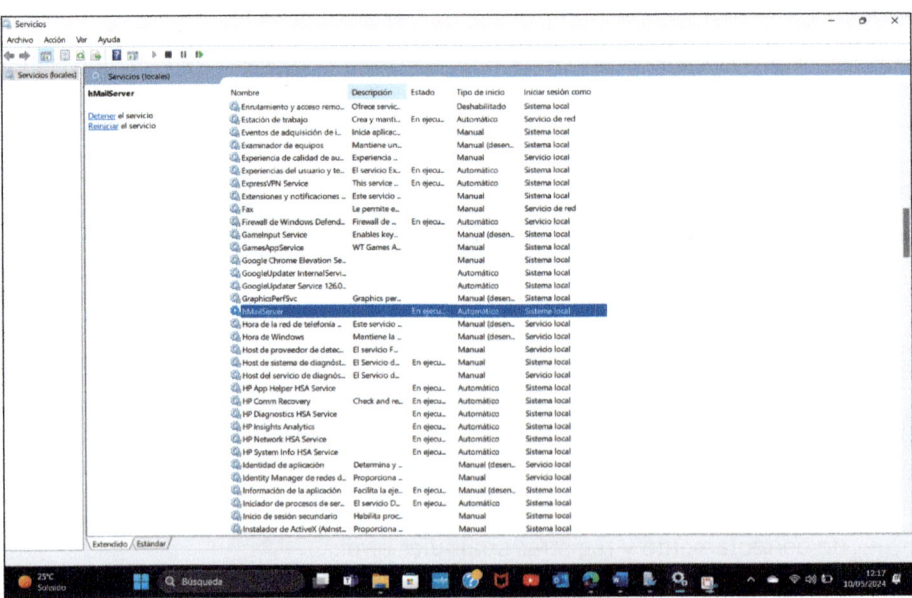

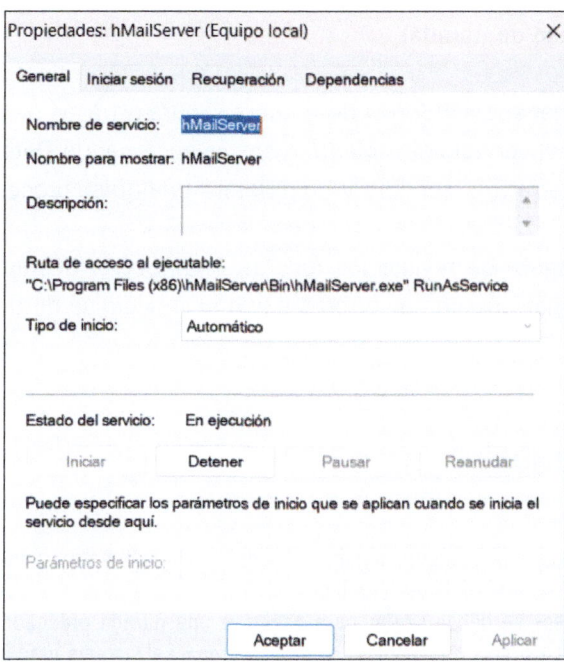

- Los *logs* de *hMailServer* se pueden revisar en la pestaña de **Status** en el *hMailServer Administrator* para identificar cualquier incidencia en el arranque.

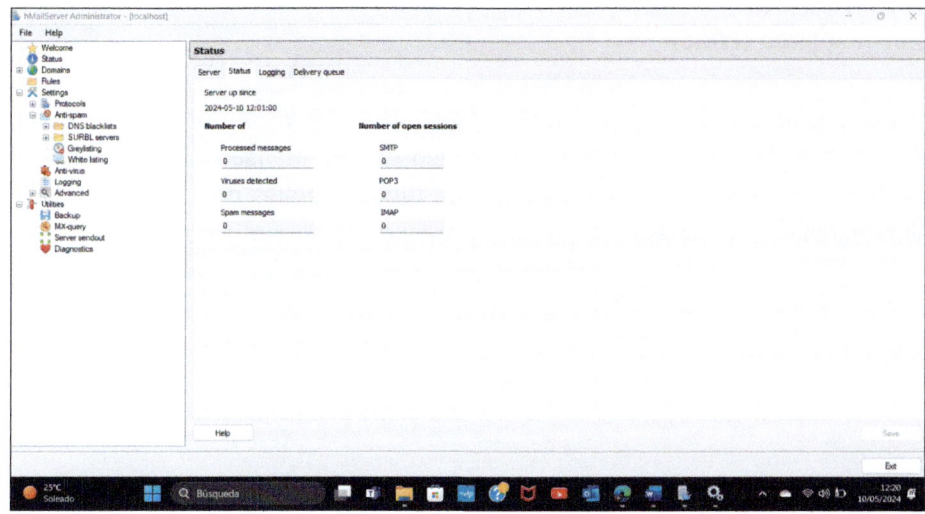

Y el **proceso de parada:**

- Se detiene *hMailServer* de manera segura a través de services.msc buscando el servicio de *hMailServer* y seleccionando **Detener.**
- Esto cerrará el servicio y completará cualquier proceso de correo pendiente.
- Se asegura de revisar los *logs* de *hMailServer* después del cierre para confirmar que no hay errores y que el servicio se detuvo correctamente.

Actividades

12. ¿Cómo influye la configuración de arranque, ya sea automático o manual, en la operatividad y seguridad de un servidor?
13. ¿Qué pasos se deben seguir para asegurar una parada ordenada del servidor que minimice los riesgos de pérdida de datos y prepare el sistema para un reinicio seguro?
14. ¿Qué comando se puede utilizar para habilitar el arranque automático de *Postfix* en un sistema *Linux* utilizando *systemd?*
15. ¿Cómo se verifica en *Windows* que *hMailServer* esté configurado para iniciar automáticamente mediante el uso de services.msc?

4.6. Registros *(LOGS)*

Los registros son esenciales para proporcionar una visión exhaustiva de las operaciones del sistema, incluyendo tráfico de red, transacciones de correo electrónico y eventos de seguridad, siendo fundamentales para el diagnóstico de problemas, auditorías de seguridad y análisis de rendimiento.

Para mejorar la gestión de registros en servidores de correo como *Postfix* y *hMailServer,* se pueden implementar varias medidas concretas:

En *Postfix:*

- Ajustar el nivel de verbosidad del registro mediante el parámetro maillog_file en main.cf para especificar la ubicación y el nombre del archivo de registro.
- Utilizar *debug_level* para ajustar el nivel de detalle de los registros de depuración.
- Configurar la rotación de registros utilizando *Logrotate* para evitar el uso excesivo de espacio en disco y mantener los archivos de registro manejables.
- Establecer permisos adecuados en los archivos de registro para asegurar que solo los usuarios autorizados tengan acceso.
- Configurar *AppArmor* o *SELinux* para añadir una capa adicional de restricciones sobre quién puede leer los registros.
- Usar herramientas como *Syslog* o *Rsyslog* para centralizar los registros en un servidor dedicado de logs, facilitando la gestión y análisis.
- Implementar herramientas de análisis de registros como *Logwatch* o *Splunk* para detectar patrones anormales y obtener alertas automáticas sobre actividades sospechosas.

En *hMailServer:*

- Dentro de la interfaz administrativa de *hMailServer,* ajustar las opciones bajo *Logging* para controlar el nivel de detalle y el formato de los registros.
- Utilizar funciones internas para automatizar la rotación de registros y definir políticas de retención basadas en el espacio de almacenamiento y necesidades operativas.
- Configurar accesos mediante la definición de roles y privilegios dentro del sistema *hMailServer* para asegurar que solo el personal autorizado pueda acceder a los registros.
- Aplicar técnicas como la firma digital de los registros para verificar su autenticidad y prevenir la manipulación.
- Integrar *hMailServer* con soluciones de gestión de registros centralizados como *Graylog* o *ELK Stack* para un análisis más eficiente.

Actividades

16. ¿Qué medidas se pueden implementar en *Postfix* para mejorar la gestión de registros y asegurar que solo los usuarios autorizados accedan a ellos?
17. ¿Cómo puede *hMailServer* integrarse con soluciones de gestión de registros centralizados para mejorar el análisis y la eficiencia operativa?

Aplicación práctica

Un administrador de sistemas está trabajando en mejorar la gestión de registros en un servidor de correo *Postfix* para asegurar un diagnóstico efectivo de problemas, realizar auditorías de seguridad adecuadas y optimizar el rendimiento del sistema.

Se han implementado varias medidas para manejar los registros de manera más eficiente, como:

1. Ajustó el nivel de verbosidad del registro mediante el parámetro maillog_file en main.cf para especificar la ubicación y el nombre del archivo de registro.
2. Configuró la rotación de registros utilizando *Logrotate* para controlar el tamaño de los archivos de registro y evitar el uso excesivo de espacio en disco.
3. Estableció permisos adecuados en los archivos de registro para asegurar que solo los usuarios autorizados tengan acceso.
4. Configuró *AppArmor* para añadir una capa adicional de restricciones sobre quién puede leer los registros.
5. Utilizó *Syslog* para centralizar los registros en un servidor dedicado, facilitando la gestión y el análisis.

¿Qué paso adicional debe tomar el administrador para completar la optimización de la gestión de registros en el servidor de correo *Postfix?*

SOLUCIÓN

El paso adicional que el administrador debe tomar es implementar herramientas de análisis de registros como *Logwatch* o *Splunk*. Esta acción es útil para detectar patrones anormales y obtener alertas automáticas sobre actividades sospechosas. Al realizar un

Continúa en página siguiente >>

<< Viene de página anterior

análisis automatizado de los registros, el administrador puede identificar rápidamente problemas potenciales, responder de manera proactiva a incidentes de seguridad y mejorar la toma de decisiones basada en datos.

5. Instalación y configuración del servidor POP/IMAP

La instalación y configuración de un servidor POP/IMAP actúa como el punto de acceso principal para que los usuarios gestionen sus mensajes electrónicos.

Postfix actúa como un Agente de Transferencia de Correo (MTA), encargado exclusivamente de la entrega de correos electrónicos, y no desempeña funciones de servidor POP/IMAP. Los servidores POP/IMAP son necesarios para almacenar correos electrónicos y facilitar su recuperación por parte de los clientes de correo. Para permitir que los usuarios finales accedan a sus correos electrónicos, se requiere un servidor POP/IMAP separado; un ejemplo típico utilizado junto con *Postfix* es *Dovecot*. En consecuencia, en una configuración estándar de sistema de correo electrónico, *Postfix* se utiliza para la entrega de correos electrónicos (SMTP), mientras que *Dovecot* se encarga del almacenamiento y recuperación de los mismos (POP/IMAP).

hMailServer, por su parte, es un servidor de correo electrónico de código abierto que soporta los protocolos SMTP, POP3 e IMAP, lo que le permite manejar tanto el envío de correos electrónicos (SMTP) como su recepción y almacenamiento (POP3 e IMAP). Esta flexibilidad en el manejo de correos y su compatibilidad con los protocolos más comunes lo convierten en una opción accesible y versátil para los usuarios que buscan implementar un servidor de correo electrónico en entornos *Windows*.

5.1. Instalación *software*

La fase de instalación del *software* para servidores POP/IMAP se inicia con la selección del *software* apropiado. Factores como la escalabilidad, la compatibilidad con el sistema operativo en uso y las funcionalidades de seguridad son esenciales.

A continuación, se expone el proceso de instalación y configuración de *Dovecot* como servidor POP/IMAP en un sistema *Linux:*

- Antes de iniciar, hay que asegurarse de que el sistema operativo *Linux* (*Ubuntu* recomendado) esté configurado con un nombre de dominio completo (FQDN) y que exista un usuario con privilegios *sudo* pero sin permisos de *root*. Esto se puede hacer revisando el nombre de dominio con el comando *hostname* -f y asegurando que el usuario actual tiene privilegios *sudo* mediante *sudo* -v.
- Dependiendo de las necesidades, se puede instalar soporte para IMAP o ambos, POP3 e IMAP. Aquí se muestran ambos comandos:

```
# Para instalar soporte solo para IMAP
sudo apt update
sudo apt install dovecot-imapd

# Para añadir soporte tanto para POP3 como para IMAP
sudo apt update
sudo apt install dovecot-imapd dovecot-pop3d
```

- Antes de realizar cambios en la configuración, es prudente crear una copia de seguridad del archivo de configuración de *Dovecot:*

```
sudo cp /etc/dovecot/dovecot.conf /etc/dovecot/dovecot.conf.bak
```

- Se abre el archivo de configuración con un editor de texto. Se puede utilizar *nano* o *vim:*

```
sudo nano /etc/dovecot/dovecot.conf
```

- Dentro del archivo, se busca la sección relacionada con los protocolos y descomenta o se añaden las líneas necesarias para incluir los protocolos deseados. Esto puede verse como:

```
# Habilitar POP3 y IMAP
protocols = imap pop3
```

- Hay que asegurarse de descomentar líneas que habiliten métodos de autenticación requeridos como texto plano, CRAM-MD5, o OAuth2, que pueden configurarse en áreas específicas del mismo archivo o en archivos de configuración adicionales dentro del directorio /etc/dovecot/conf.d/.
- Para que los cambios surtan efecto, se reinicia el servicio Dovecot:

```
sudo systemctl restart dovecot
```

Actividades

18. ¿Cómo se diferencian las funciones de *Postfix* y *Dovecot* en una configuración estándar de sistema de correo electrónico y cuáles son sus roles específicos?
19. ¿Qué factores deben considerarse durante la fase de instalación del *software* para servidores POP/IMAP para asegurar una integración eficaz y segura en el sistema operativo en uso?
20. ¿Cuáles son los pasos necesarios para configurar *Dovecot* en un sistema *Linux* para soportar los protocolos IMAP y POP3, incluyendo la edición de las configuraciones y el reinicio del servicio?
21. ¿Cómo se asegura que un sistema operativo *Linux* esté preparado para la instalación de *Dovecot,* incluyendo la verificación de un nombre de dominio completo y la confirmación de los privilegios *sudo* del usuario?

Aplicación práctica

Un administrador de sistemas está preparando la implementación de *Dovecot,* un servidor de correo electrónico que soporta los protocolos POP3 e IMAP, en un sistema operativo *Linux.* El objetivo es asegurar una instalación y configuración efectivas que permitan una gestión segura y eficiente del correo electrónico para la organización.

¿Cuál es el último paso que el administrador debe realizar para asegurar que la configuración de *Dovecot* surta efecto y esté correctamente implementada en el sistema?

SOLUCIÓN

Después de ajustar la configuración de *Dovecot* para incluir los protocolos deseados y asegurar que los métodos de autenticación requeridos estén habilitados, el último paso que debe realizar el administrador es reiniciar el servicio *Dovecot* para que los cambios en la configuración tomen efecto.

5.2. Parámetros de configuración. Protocolos y puertos de acceso

La configuración de servidores POP/IMAP como *Dovecot* en entornos *Linux* y *hMailServer* en *Windows* es esencial para asegurar la eficiencia y la seguridad en la gestión de correo electrónico. Ambos servidores necesitan configuraciones detalladas de parámetros, que incluyen la especificación de directorios para el almacenamiento de correos, establecimiento de políticas de sesión para limitar conexiones simultáneas, y ajustes robustos de seguridad para proteger contra ataques y accesos no autorizados.

Dovecot

Dovecot requiere una atención particular en la configuración de directorios de correo, asegurando permisos adecuados para la manipulación de estos por el servidor.

Las políticas de sesión deben incluir límites en el número de conexiones simultáneas y configuraciones de tiempos de espera y tamaño máximo de mensajes para mantener un rendimiento óptimo.

En términos de seguridad, es esencial implementar el aislamiento de procesos y establecer restricciones de acceso basadas en direcciones IP.

Además, *Dovecot* debe configurarse para manejar POP3 y IMAP, recomendando las versiones seguras POP3S e IMAPS que funcionan sobre SSL/TLS.

Los puertos estándar para POP3 (110) y IMAP (143) y sus versiones seguras (995 para POP3S y 993 para IMAPS) deben estar correctamente abiertos y configurados en el *firewall*.

hMailServer

hMailServer comparte consideraciones similares en un entorno *Windows*, donde también se deben configurar adecuadamente los directorios de correo y las políticas de sesión.

La seguridad puede reforzarse mediante configuraciones avanzadas de autenticación y técnicas de protección de acceso.

hMailServer también soporta los protocolos POP3 e IMAP, con un énfasis en sus variantes seguras para cifrar las conexiones.

 Aplicación práctica

Un administrador de sistemas está configurando servidores de correo electrónico POP/IMAP utilizando *Dovecot* en *Linux* en una empresa con infraestructura mixta. El objetivo es asegurar que ambos sistemas operen eficientemente y mantengan altos niveles de seguridad.

¿Qué ajustes específicos debe realizar el administrador para optimizar la seguridad en la configuración de *Dovecot?*

SOLUCIÓN

Para optimizar la seguridad en la configuración de *Dovecot,* el administrador debe:

Continúa en página siguiente >>

<< Viene de página anterior

▌ Configurar los directorios donde se almacenan los correos electrónicos para asegurar que solo *Dovecot* tenga los permisos adecuados para manipular estos directorios, evitando así el acceso no autorizado.

▌ Establecer límites en el número de conexiones simultáneas para evitar sobrecargas y configurar tiempos de espera y tamaño máximo de mensajes para mantener un rendimiento óptimo.

▌ Implementar el aislamiento de procesos y restricciones de acceso basadas en direcciones IP. Además, configurar los puertos para las versiones seguras de POP3 e IMAP (POP3S en el puerto 995 e IMAPS en el puerto 993) y asegurarse de que estos puertos estén abiertos y configurados en el *firewall* para trabajar sobre SSL/TLS.

5.3. Autenticación de usuarios

La autenticación de usuarios en un servidor que ofrece servicios POP/IMAP implica verificar la identidad de cada usuario antes de permitirle recuperar o enviar correos electrónicos, asegurando así la confidencialidad y la integridad de la comunicación.

Para configurar la autenticación de usuarios de manera segura en *Dovecot* y *hMailServer,* es esencial ajustar los archivos de configuración y las opciones del servidor para garantizar que solo se utilicen métodos de autenticación seguros y que todas las conexiones estén cifradas.

Pasos para la configuración en *Dovecot (Linux)*

Los pasos a seguir son:

1. Para editar el archivo de configuración de autenticación, se abre el archivo con un editor de texto:

```
sudo nano /etc/dovecot/conf.d/10-auth.conf
```

2. Hay que asegurarse de deshabilitar la autenticación en texto plano sobre conexiones no cifradas y habilitar métodos seguros como CRAM-MD5:

```
disable_plaintext_auth = yes
auth_mechanisms = plain login cram-md5
```

3. Se edita el archivo de configuración de SSL:

```
sudo nano /etc/dovecot/conf.d/10-ssl.conf
```

1. Se configura SSL:

```
ssl = required
ssl_cert = </etc/dovecot/private/dovecot.pem
ssl_key = </etc/dovecot/private/dovecot.key
```

2. Se reiniciar *Dovecot* para aplicar los cambios:

```
sudo systemctl restart dovecot
```

Pasos para la configuración en *hMailServer (Windows)*

Se deben seguir los siguientes pasos:

1. Iniciar la interfaz gráfica de *hMailServer Administrator.*
2. Navegar a **Settings → advanced → TCP/IP ports:**

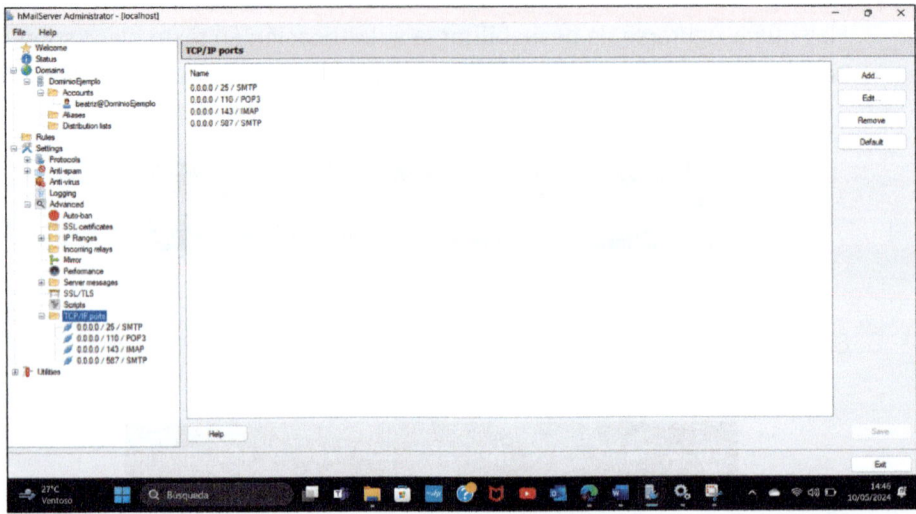

3. La interfaz permite seleccionar entre SMTP, POP3 o IMAP para aplicar los siguientes ajustes específicos a cada protocolo:

▪ Puerto TCP/IP: se especifica el puerto en el que el servidor escuchará para el protocolo seleccionado. Los puertos estándar son 25 para SMTP, 110 para POP3 y 143 para IMAP. Para configuraciones seguras, generalmente se utilizan los puertos 465 o 587 para SMTP, 995 para POP3 y 993 para IMAP cuando se emplea cifrado SSL/TLS.

▪ Seguridad de la conexión: este menú desplegable permite seleccionar el nivel de seguridad de la conexión. Las opciones incluyen:

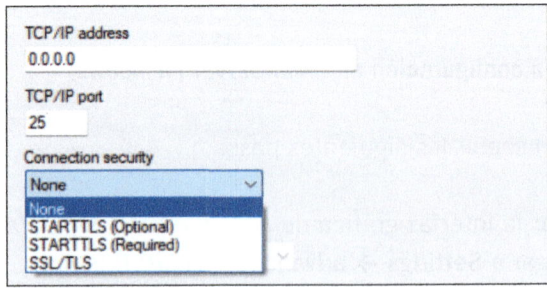

▪ None: no se utiliza cifrado.

■ SSL/TLS: utiliza SSL/TLS para cifrar toda la comunicación desde el inicio de la conexión.

■ STARTTLS (opcional): permite el uso de STARTTLS para cifrar la conexión después de establecer inicialmente la comunicación en texto plano.

■ STARTTLS (requerido): requiere que se use STARTTLS para cifrar la conexión, mejorando la seguridad al forzar el cifrado después de la conexión inicial.

■ Certificado SSL: se selecciona el certificado SSL/TLS que se utilizará para cifrar las conexiones.

5.4. Procesos de arranque y parada

Para que los servidores de correo POP/IMAP se inicien automáticamente al encender el sistema.

Linux con *Dovecot*

Dovecot puede ser configurado para iniciar automáticamente con el sistema mediante el uso del sistema de gestión de servicios *systemd,* que es ampliamente utilizado en las distribuciones modernas de Linux. Para ello, se debe utilizar el siguiente comando en la terminal:

```
sudo systemctl enable dovecot
```

Este comando le indica al sistema de gestión de servicios *systemd* que cree los enlaces simbólicos necesarios dentro de sus directorios de configuración. Estos enlaces simbólicos son utilizados por *systemd* para gestionar el inicio del servicio al encender el equipo.

Una vez habilitado, *Dovecot* continuará iniciándose automáticamente cada vez que el sistema arranque, a menos que se deshabilite explícitamente con un comando como *sudo systemctl disable dovecot.*

Windows con *hMailServer*

hMailServer se configura para iniciar automáticamente como un servicio de Windows después de la instalación. Sin embargo, si se necesita cambiar esta configuración, se puede hacer a través del *Administrador de servicios* de *Windows,* del modo que se ha expuesto con anterioridad.

Si *hMailServer* no se inicia automáticamente, también se puede agregar un acceso directo al programa en la carpeta de inicio de *Windows* del siguiente modo:

1. Se presionan las teclas [Windows] + [R] para abrir el cuadro de diálogo Ejecutar y se escribe *shell:startup* y se presiona [Enter]. Esto abrirá la carpeta de inicio.

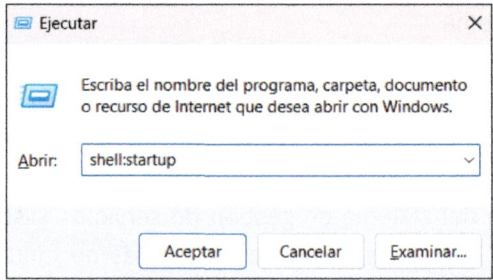

2. Se copia el acceso directo de *hMailServer* en esta carpeta.

La detención de los servidores debe ser cuidadosa para garantizar que todos los procesos finalicen correctamente, utilizando comandos como *systemctl stop* en *Linux* para cerrar todas las conexiones de forma segura y evitar la pérdida o corrupción de datos.

```
sudo systemctl stop dovecot
```

En *Windows,* similarmente, se puede detener servicios a través del *Administrador de servicios,* tal y como se ha explicado con anterioridad, para asegurar un cierre adecuado.

 Actividades

22. ¿Cómo se puede configurar *Dovecot* en *Linux* para que inicie automáticamente al encender el sistema y cuál es el comando necesario para habilitar esta configuración?
23. ¿Qué pasos se deben seguir para asegurar un cierre adecuado de *hMailServer* en *Windows,* minimizando la pérdida o corrupción de datos durante la detención del servidor?

5.5. Registros *(LOGS)*

Imagine que se está administrando un servidor *Dovecot* para servicios IMAP y POP3. La configuración de los registros se realizaría editando el archivo de configuración /etc/dovecot/conf.d/10-logging.conf para ajustar los parámetros de *log.* Por ejemplo, se podría configurar:

```
log_path = /var/log/dovecot.log
auth_verbose = yes
mail_debug = yes
```

- *log_path* especifica la ubicación del archivo de *log.*
- *auth_verbose* se habilita para registrar detalles sobre los intentos de autenticación.
- *mail_debug* se activa para incluir información detallada sobre la operación del correo.

Para acceder a la configuración de *Logs* en *hMailServer (Windows)* hay que seguir estos pasos:

1. Abrir el *hMailServer Administrator.*
2. Navegar a **Settings → Logging.**
3. Aquí se puede habilitar o deshabilitar el registro de *logs* y seleccionar qué tipos de eventos deseas registrar:

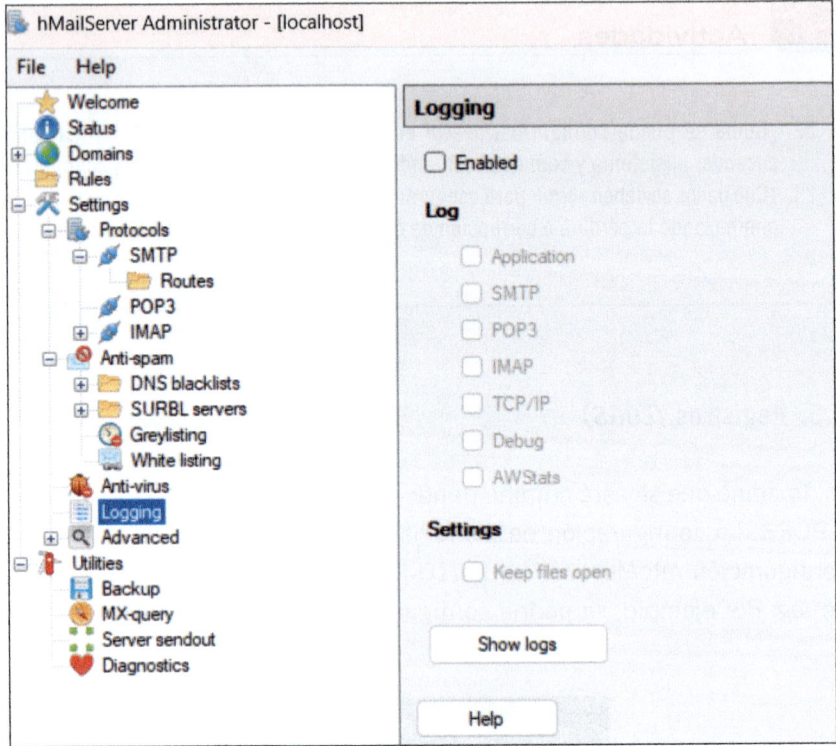

6. Instalación y configuración del servidor web *(Webmail)*

La accesibilidad del correo electrónico a través de interfaces web es fundamental en el entorno digital moderno, ya que permite a los usuarios acceder a sus correos electrónicos desde cualquier navegador y dispositivo. Las interfaces web, como *RoundCube,* ofrecen una solución universal que se adapta a diversas plataformas.

Sabía que...

RoundCube Webmail es un *software* de servidor web gratuito y de código abierto diseñado para servicios de *webmail,* destacándose por su interfaz de usuario amigable y una amplia gama de funcionalidades. Permite a los usuarios acceder a sus correos electrónicos directamente desde cualquier navegador como *Google Chrome* o *Firefox,* sin necesidad de *software* adicional, solo requiere un dispositivo conectado a internet. Además, la naturaleza de código abierto de *RoundCube* facilita la personalización y adaptación de la configuración para satisfacer las necesidades específicas de cada usuario, lo que lo convierte en una opción versátil y accesible para la gestión de correos electrónicos en línea.

6.1. Instalación *software*

A continuación, se explica paso por paso la instalación de la última versión de *RoundCube Webmail* en el contexto de *Linux,* específicamente en Ubuntu 18.04 LTS:

1. Se accede a la página oficial de *RoundCube* y se dirige a la sección de descargas.

https://redirectoronline.com/uf12730206

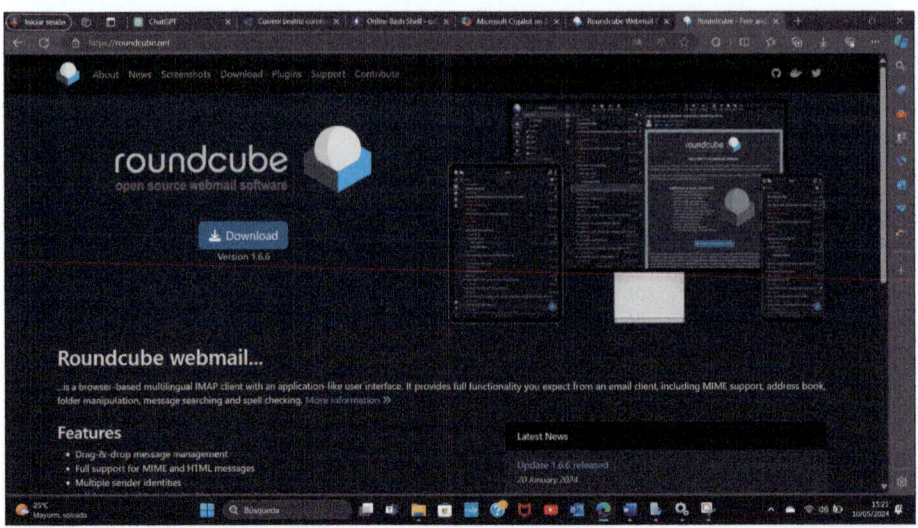

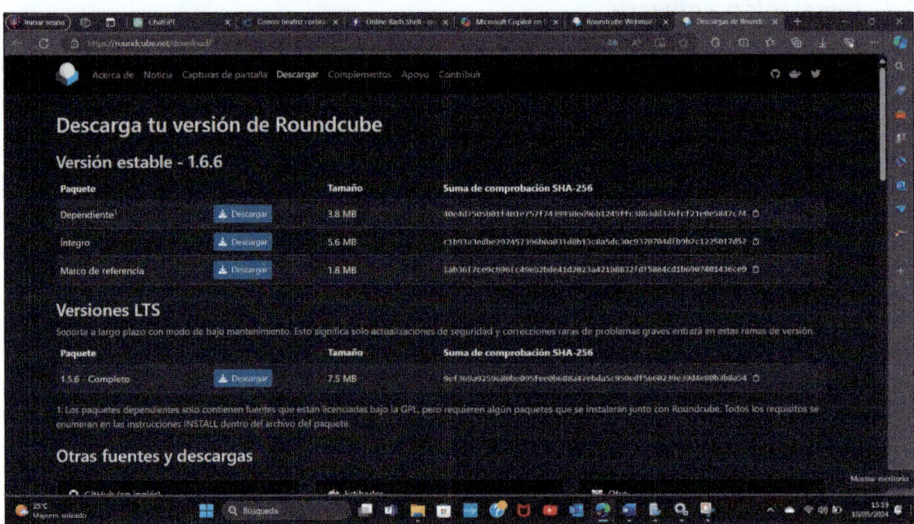

2. Una vez en la sección de descargas de la página oficial de *RoundCube*, se selecciona la última versión de *RoundCube* y se descarga. Se puede hacer directamente en el servidor utilizando *wget* con el enlace de descarga directa:

```
wget -O roundcubemail.tar.gz [enlace de descarga directa]
```

3. Después de descargar el archivo, hay que extraerlo y mover los archivos extraídos a la carpeta del servidor web. Por lo general, esta es /var/www/html/.

RoundCube necesita una base de datos para funcionar. Se puede configurar utilizando *MySQL* o *MariaDB.* A continuación, se explica el proceso de descarga de *MariaDB:*

- Para descargar *MariaDB,* hay que visitar la página y seleccionar **Descargar:**

https://redirectoronline.com/uf12730207

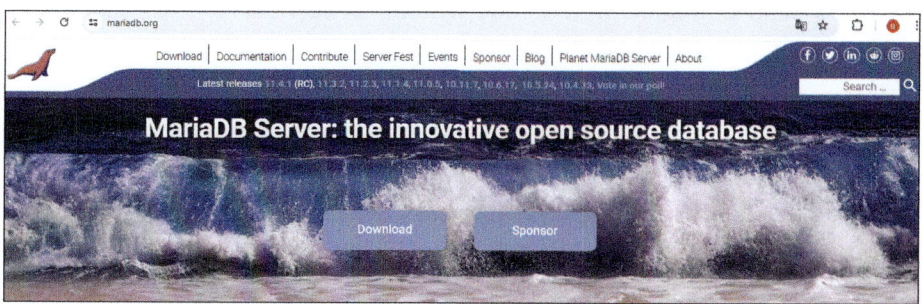

- Se seleccionan las opciones adecuadas según preferencias y después **Descarga:**

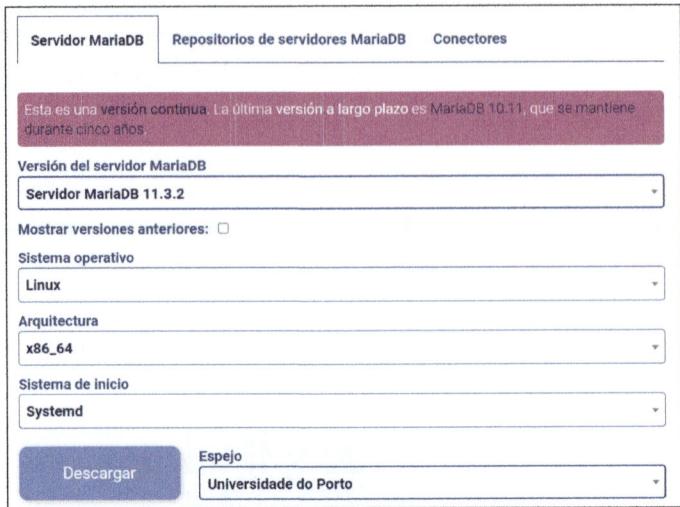

- Se configura una base de datos MariaDB en *Ubuntu 18.04* LTS siguiendo el siguiente proceso:

  - Instalar *MariaDB:* se puede instalar el servidor con los siguientes comandos:

```
sudo apt update
sudo apt install mariadb-server
```

  - Configurar *MariaDB:* después de la instalación, *MariaDB* se iniciará automáticamente. Para asegurar que *MariaDB* está funcionando correctamente, se puede usar el siguiente comando:

```
systemctl status mariadb
```

  - Securizar *MariaDB: MariaDB* viene con un *script* llamado *mysql_secure_installation* que permite mejorar la seguridad de la instalación de *MariaDB.* Se puede ejecutar con el siguiente comando:

```
sudo mysql_secure_installation
```

Este *script* guiará a través de varios pasos para mejorar la seguridad de tu instalación de *MariaDB*.

- Crear una base de datos y un usuario: finalmente, se puede crear una base de datos y un usuario para *MariaDB*.

  - Primero, se inicia sesión en *MariaDB* con el siguiente comando:

```
sudo mysql
```

A continuación, se puede crear una base de datos y un usuario con los siguientes comandos (reemplaza *database_name, username* y *password* con el nombre de la base de datos, el nombre de usuario y la contraseña):

```
CREATE DATABASE database_name;
CREATE USER 'username'@'localhost' IDENTIFIED BY 'password';
GRANT ALL PRIVILEGES ON database_name.* TO 'username'@'localhost';
FLUSH PRIVILEGES;
EXIT;
```

- Instalar *Let's Encrypt* y obtener un certificado SSL: para instalar *Let's Encrypt* y obtener un certificado SSL gratuito, se puede utilizar *Certbot:*

  - Primero, se instala **Certbot** con el siguiente comando:

```
sudo apt-get install certbot python-certbot-apache
```

  - Se obtiene y configura el certificado SSL. Ahora, se puede obtener el certificado SSL con el siguiente comando:

```
sudo certbot --apache -d your-domain.com
```

■ Por último, se deben seguir las instrucciones que aparecen en pantalla para completar la configuración.

RoundCube Webmail es compatible con *Windows* siempre que se cuente con un servidor web como *Apache, Nginx,* o *IIS,* y un servidor de correo como *hMailServer.* Para facilitar su instalación en un servidor *Windows,* se puede utilizar XAMPP, un paquete de *software* que incluye *Apache, MariaDB, PHP* y *Perl.* La instalación de *XAMPP* se realiza descargando el paquete desde su sitio web oficial y siguiendo las instrucciones proporcionadas. Una vez instalado *XAMPP,* se puede descargar *RoundCube* desde su sitio web oficial. Tras la descarga, los archivos de *RoundCube* deben ser extraídos y copiados en la carpeta htdocs de *XAMPP.* Para que *RoundCube* funcione correctamente, es necesario crear una base de datos en *MySQL* o *MariaDB* a través de *phpMyAdmin,* que está disponible en *XAMPP.* Finalmente, la configuración de *RoundCube* se completa abriendo un navegador web y navegando a la instalación de *RoundCube* para finalizar su configuración.

 Actividades

24. ¿Cuál es el proceso para configurar una base de datos *MariaDB* en *Ubuntu 18.04 LTS* para su uso con *RoundCube,* incluyendo los pasos para instalar, configurar y securizar *MariaDB?*
25. ¿Cómo se puede instalar *RoundCube* en un servidor *Windows* utilizando *XAMPP,* y cuáles son los pasos para configurar la base de datos necesaria para su funcionamiento a través de *phpMyAdmin?*

6.2. Parámetros de configuración. Protocolos y puertos de acceso

Para la configuración de *RoundCube* y la integración con servidores de correo como *Postfix, Dovecot* y *hMailServer,* se deben seguir estos pasos detallados que ajustan correctamente los parámetros de SMTP e IMAP:

1. **Verificación de los servidores IMAP y SMTP:** se debe verificar que el servidor IMAP (como *Dovecot)* y SMTP estén funcionando correctamente en el servidor de correo.
2. **Configuración de *RoundCube:*** se debe acceder al archivo de configuración principal de *RoundCube,* que se encuentra en config.inc.php.
3. **Configuración de IMAP.** Para ello:

    ▌ Se debe establecer el *host* IMAP a *localhost.*
    ▌ Se debe especificar el puerto IMAP.
    ▌ Se utiliza el puerto 143 para conexiones no seguras o 993 para conexiones seguras con SSL.

4. **Configuración de SMTP.** Para ello:

    ▌ Se debe configurar el *host* SMTP a *localhost.*
    ▌ Se debe establecer el puerto a 587 para utilizar STARTTLS, asegurando una transmisión de correo segura.

5. **Habilitación de la autenticación SMTP:** se debe activar la autenticación SMTP en *RoundCube* para que utilice las mismas credenciales IMAP para el envío de correos, manteniendo la consistencia y simplificando la administración de usuarios.

6.3. Autenticación de usuarios

Para implementar la autenticación de usuarios en *RoundCube Webmail* es posible configurar varios métodos que ofrecen diferentes niveles de seguridad y experiencias de usuario:

- **Ajustes básicos:** en el archivo de configuración config.inc.php se debe determinar el mecanismo de autenticación por defecto, que puede ser autenticación PLAIN o LOGIN sobre una conexión segura.
- **Uso de SSL/TLS:** es necesario garantizar que todas las conexiones de autenticación utilicen SSL/TLS para encriptar las credenciales del usuario durante la transmisión. Esta configuración se realiza en el servidor IMAP/SMTP subyacente y se especifica en *RoundCube* para utilizar conexiones seguras.
- **Autenticación de Dos Factores (opcional):** se puede implementar la autenticación de dos factores (2FA) si *RoundCube* la soporta o a través de *plugins* adicionales. Esto proporciona una capa adicional de seguridad al requerir un segundo factor además del nombre de usuario y la contraseña.

6.4. Procesos de arranque y parada

Para garantizar que el servidor web que aloja *RoundCube* se inicie automáticamente y se cierre de manera ordenada, se pueden seguir estos ejemplos específicos de configuración y gestión de servicios en un sistema operativo *Linux,* usando *Apache* como servidor web:

- **Habilitar el inicio automático de apache:** este comando configura el servidor *Apache* para que se inicie automáticamente cada vez que el servidor se reinicie:

```
sudo systemctl enable apache2
```

- **Implementar *scripts* de cierre ordenado:** hay que asegurar que los servicios web se detengan correctamente antes de apagar o reiniciar el servidor para evitar corrupción de datos. Para ello, se puede crear un script de bash que incluya comandos de parada segura, como:

```
#!/bin/bash
echo "Deteniendo el servidor web de forma segura..."
sudo systemctl stop apache2
echo "Servidor detenido correctamente."
```

- **Reinicios programados:** si el servidor no maneja tráfico alto continuamente, es una opción programar reinicios durante la madrugada para minimizar la interrupción. Se puede utilizar *cron* para agregar un trabajo que reinicie el servidor a una hora específica. Para ello, hay que editar el *crontab* del sistema y después añadir una línea que reinicie el sistema a las 5:00 a. m. todos los domingos, por ejemplo:

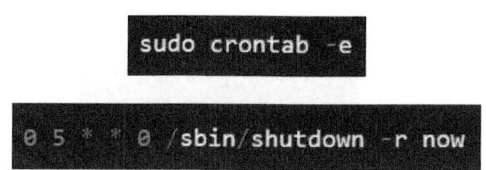

```
sudo crontab -e
```

```
0 5 * * 0 /sbin/shutdown -r now
```

En un sistema operativo *Windows,* configurar un servidor web como *Apache* o *Nginx* para que se inicie automáticamente y garantizar un cierre ordenado puede seguir un proceso ligeramente diferente.

Si *Apache* o *Nginx* se ha instalado como un servicio de *Windows,* es posible utilizar el *Administrador de servicios* de *Windows* para configurar su inicio automático.

Aunque *Windows* maneja bastante bien el cierre de servicios automáticamente, se puede mejorar la gestión creando *scripts* de *PowerShell* que aseguren un cierre suave del servidor web y otros servicios críticos antes del apagado.

Para crear un script de *PowerShell,* se abre el *Bloc de notas* o el editor de *scripts* favorito. Se escribe un *script* como el siguiente para detener *Apache* de manera segura:

```
Stop-Service -Name 'Apache2.4' -Force
```

- Se guarda el archivo con extensión .ps1, por ejemplo, StopApache.ps1.
- Para programar el *script* para que se ejecute al apagar se abre el Programador de Tareas y se crea una nueva tarea que ejecute el *script* bajo el evento de apagado del sistema.

Además, se pueden programar reinicios automáticos durante periodos de baja actividad utilizando el **Programador de Tareas** de *Windows*. Se crea una nueva tarea que reinicie el servidor. En la acción de la tarea, se configura un comando para reiniciar el sistema:

```
shutdown /r /t 0.
```

Se establece el desencadenante de la tarea para que se ejecute en un horario específico, por ejemplo, a las 2:00 a. m. cada domingo, momento en que se espera baja actividad.

6.5. Registros *(LOGS)*

En cuanto a la configuración de logs en *RoundCube,* se configura *RoundCube* para registrar eventos importantes como errores, accesos de usuarios y actividades del servidor. Estas opciones se configuran en el archivo config.inc.php, donde se puede especificar el nivel de detalle del *log.*

En lo que respecta al almacenamiento y rotación de *logs,* se utilizan herramientas como *Logrotate* para manejar la rotación de *logs* y asegurar que los archivos de *log* no consuman demasiado espacio en disco.

En términos de seguridad y acceso a los *logs,* se restringe el acceso a los archivos de *log* a usuarios autorizados y se considera la implementación de medidas de seguridad como el cifrado de *logs* para proteger datos sensibles.

Actividades

26. ¿Cómo se configura *Apache* en un sistema *Linux* para asegurar que se inicie automáticamente al reiniciar el servidor y cuál es el proceso para crear un *script* de cierre ordenado?
27. ¿Qué pasos se deben seguir en *Windows* para garantizar un cierre ordenado de un servidor web como *Apache* utilizando *scripts* de *PowerShell,* y cómo se puede programar este *script* para que se ejecute al apagar el sistema?

---

7. Elaboración del manual de operación

Un manual de operación efectivo para el sistema de correo debe ser claro, conciso y fácil de seguir, asegurando que los usuarios y administradores puedan operar, mantener y solucionar problemas del sistema de correo de manera efectiva. El índice podría ser el siguiente:

> **1. Introducción**
> 1.1. Descripción general del sistema
> 1.2. Propósito y beneficios

El sistema de correo electrónico está diseñado para proporcionar comunicación eficiente, segura y confiable dentro y fuera de la organización. Facilita la gestión de mensajes, contactos y calendarios, optimizando las operaciones diarias.

Este sistema permite a los usuarios enviar, recibir y gestionar correos electrónicos de manera eficaz, apoyando la colaboración y mejorando la productividad organizacional. Ofrece beneficios como accesibilidad mejorada, funciones de seguridad avanzadas y cumplimiento normativo.

2. Requisitos del sistema

2.1. Especificaciones técnicas

2.2. Requisitos funcionales y operativos

2.3. Consideraciones de seguridad

Se detallan aquí las especificaciones técnicas necesarias para el funcionamiento óptimo del sistema, incluyendo *hardware, software* y requisitos de red, junto con las expectativas funcionales y de seguridad.

3. Procedimientos de configuración

3.1. Instalación del *software* de correo

3.2. Configuración del servidor (SMTP, POP3/IMAP)

3.3. Ajustes de seguridad y cumplimiento

Se explica el proceso de instalación del *software,* la configuración inicial del servidor de correo y los ajustes necesarios para garantizar un funcionamiento seguro y conforme a las normas.

4. Operación y mantenimienton

4.1. Gestión diaria

4.2. Supervisión del rendimiento

4.3. Mantenimiento preventivo y actualizaciones

Orientación sobre la administración rutinaria del sistema, incluyendo la monitorización del rendimiento y las prácticas recomendadas para el mantenimiento regular y la aplicación de actualizaciones críticas.

5. **Gestión de la seguridad**

   5.1. Políticas de seguridad

   5.2. Encriptación y autenticación

   5.3. Protocolos contra amenazas cibernéticas

Se describen las estrategias implementadas para proteger el sistema y la información del usuario, incluyendo medidas contra el acceso no autorizado y los ataques informáticos.

6. **Cumplimiento y legalidad**

   6.1. Adherencia a normativas

   6.2. Retención de datos y privacidad

Este apartado asegura que el sistema está en plena conformidad con las leyes y reglamentos aplicables, destacando las políticas de retención de datos y las medidas de privacidad.

7. **Resolución de problemas**

   7.1. Diagnóstico y solución de fallas comunes

   7.2. Preguntas frecuentes (FAQ)

Proporciona un compendio de situaciones problemáticas comunes con sus respectivas soluciones, facilitando a los usuarios y administradores la resolución rápida de inconvenientes.

8. **Actualizaciones y mejoras**

   8.1. Proceso de actualización

   8.2. Incorporación de nuevas funcionalidades

Procedimientos para mantener el sistema actualizado con las últimas versiones del *software,* asegurando la inclusión de mejoras y la protección contra nuevas vulnerabilidades.

> **9. Soporte técnico y contacto**
> 9.1. Información de contacto
> 9.2. Horarios de atención

Información detallada sobre cómo y cuándo buscar asistencia técnica, incluyendo todos los canales de comunicación disponibles para soporte.

 Actividades

28. ¿Cuáles son las expectativas funcionales y de seguridad detalladas en el manual de operación del sistema de correo bajo el apartado de requisitos del sistema?
29. ¿Cómo se describe el proceso de actualización del sistema de correo en el manual, incluyendo la incorporación de nuevas funcionalidades y la protección contra nuevas vulnerabilidades?
30. ¿Qué procedimientos y prácticas se recomiendan en el manual de operación para la gestión diaria del sistema de correo, incluyendo la supervisión del rendimiento y el mantenimiento preventivo?

8. Resumen

El diseño de un sistema de correo implica una evaluación exhaustiva de requisitos funcionales, operativos y de seguridad. Funcionalmente, el sistema debe facilitar una comunicación eficaz, gestionando tanto el envío de correos como los contactos. Desde un punto de vista operativo, es esencial que el sistema sea escalable, asegurando una alta disponibilidad y capacidad de recuperación ante posibles incidentes. En cuanto a la seguridad, es fundamental proteger la integridad y confidencialidad de los datos. Además, el sistema debe adherirse a leyes y regulaciones relevantes como el GDPR, lo que garantiza la protección de datos personales y una adecuada retención de mensajes. Es vital que el *hardware* seleccionado ofrezca la posibilidad de futuras actualizaciones y sea compatible con el *software,* que debe apoyar los requisitos de seguridad y operativos de la organización, incluyendo filtrado de *spam* y soporte para protocolos estándar.

En la fase de instalación y configuración, es primordial limitar la intervención a los componentes esenciales, optimizando el rendimiento y minimizando la superficie de ataque. La correcta configuración del servidor SMTP (MTA) juega un papel decisivo en el manejo eficiente del correo entrante y saliente, con la implementación de medidas de autenticación y cifrado para prevenir el *spam* y asegurar la integridad de los correos. La gestión de riesgos es también una parte integral de la seguridad del sistema, incluyendo configuraciones de *firewall* estrictas, actualizaciones constantes de seguridad y controles de acceso meticulosos.

Ejercicios de repaso y autoevaluación

1. ¿Qué es el GDPR y qué impacto tiene en las empresas globales?

_____
_____
_____
_____

2. Mencione una ley que regule la protección de datos en España:

_____
_____
_____
_____

3. ¿Cuáles son los tres pilares fundamentales de la seguridad informática?

_____
_____

4. Enumere dos consideraciones importantes al seleccionar *hardware* para un servidor de correo electrónico:

_____
_____
_____
_____
_____
_____

5. ¿Cuál de las siguientes opciones es una acción recomendada durante el proceso de bastionamiento de un servidor?

    a. Instalar *software* adicional para funcionalidades extendidas.
    b. Configurar un *firewall* para controlar el acceso entrante y saliente.

c. Permitir todos los servicios por defecto para facilitar la configuración.
d. Desactivar las actualizaciones automáticas de seguridad.

6. Describa el proceso de configuración de parámetros en un servidor POP/IMAP.

_____
_____
_____
_____

7. Mencione una estrategia para gestionar brechas de seguridad en datos personales según el GDPR.

_____
_____
_____
_____

8. ¿Qué ley regula la retención de datos de comunicaciones electrónicas en España?

_____
_____
_____
_____

9. ¿Qué protocolo seguro se debe utilizar para cifrar las conexiones de correo electrónico en un servidor que utiliza IMAP?

    a. HTTPS
    b. SSL/TLS
    c. IMAPS
    d. SMTPS

10. Explique cómo se debe realizar la selección de *software* para un servidor de correo electrónico.

_____

_____

_____

_____

11. ¿Qué acción NO es parte del proceso de securización o bastionamiento de un servidor?

    a. Instalación de componentes esenciales únicamente.
    b. Permitir todas las conexiones entrantes por defecto.
    c. Aplicar los últimos parches de seguridad.
    d. Establecer reglas de *firewall* estrictas.

12. Detalle dos responsabilidades de los proveedores de servicios bajo la LSSI-CE:

_____

_____

_____

_____

13. ¿Qué medida es fundamental para garantizar la integridad de la información según los principios de seguridad informática?

    a. Restricción de acceso basada en roles.
    b. Actualización y parcheo regular de sistemas.
    c. Mantenimiento de registros detallados de actividad.
    d. Pruebas de penetración y evaluaciones de vulnerabilidad.

14. **Describa el impacto de la Ley Orgánica de Protección de Datos Personales y garantía de los derechos digitales (LOPDGDD) en la gestión de datos personales en España.**

_____
_____
_____
_____

15. **¿Qué acción se debe tomar inmediatamente tras detectar una brecha de seguridad que comprometa datos personales, según el GDPR?**

    a. Informar a todos los usuarios afectados en un plazo de 72 h.

    b. Realizar una auditoría interna completa antes de informar.

    c. Notificar a la autoridad de protección de datos competente sin demoras indebidas y, si es posible, no más tarde de 72 h después de tener conocimiento de la brecha.

    d. Esperar a determinar el alcance completo de la brecha antes de tomar cualquier acción.

Bibliografía

Monografías

▌HUIDOBRO, J. M.: *La mensajería electrónica en Internet*. Rioja: Fundación Dialnet, 2000.

Textos electrónicos, bases de datos y programas informáticos

▌Bastionado de sistemas y servidores. ¿Qué es y para qué sirve?, de: <https://proteccciondatos-lopd.com/empresas/bastionado-de-sistemas/>.

▌Cómo configurar registros MX para tu dominio, de: <https://snov.io/knowledgebase/es/configurar-registros-mx-para-tu-dominio/>.

▌Cómo configurar un servidor de correo eficiente y seguro, de: <https://gcomhosting. com/como-configurar-un-servidor-de-correo-eficiente-y-seguro/>.

▌¿Cómo funciona el correo electrónico?, de: <https://fp.josedomingo.org/sri2122/u07/como_funciona_mail.html>.

▌Componentes de software y hardware de servicios de correo, de: <https://docs.oracle.com/cd/E24842_01/html/E22524/mailrefer-53.html>.

▌Configuración básica de Sendmail con soporte SSL/TLS, de: <https://blog.alcancelibre. org/staticpages/index.php/15-como-sendmail-apendice-01>.

▌¿Cuáles son las diferencias entre SMTP, IMAP y POP3?, de:
<https://dinahosting.com/ayuda/diferencias-smtp-imap-pop/>.

▌El fichero log de tu servidor ¿para qué te sirve?, de:
<https://axarnet.es/blog/fichero-log#>.

▌E-mail Marketing - ¿Qué es el SPF (Sender ID) y DKIM (Domain Key)?, de:
<https://www.emailmanager.com/es/blog/1/1645/email-marketing--que-es-el-spf-
-sender-id--y-dkim--domain-key.html>.

▌Instalación y administración del servicio de correo electrónico, de: <https://dis.
um.es/~lopezquesada/documentos/IES_1617/SRI/curso/UT7/UT7.pdf>.

▌¿Qué es un filtro antispam?, de:
<https://www.one.com/es/correoelectronico/que-es-un-filtro-antispam-y-antivirus>.

▌¿Qué es una lista de correo electrónico o mailing list?, de: <https://www.one.com/es/
correoelectronico/que-es-una-lista-de-correo-electronico#:~:text=Una%20lista%20
de%20correo%20electr%C3%B3nico%20es%20una%20recopilaci%C3%B3n%20
de%20direcciones,club%20de%20un%20a%C3%B1o%20concreto>.

▌¿Qué son los Protocolos de Correo (POP3, SMTP e IMAP) y sus Puertos predetermina-
dos?, de: <https://www.siteground.es/tutoriales/email/protocolos-pop3-smtp-imap/>.

▌Temas sobre el MTA, de: <https://www.novell.com/es-es/documentation/groupwise18/
help/groupwise/mta.html>.